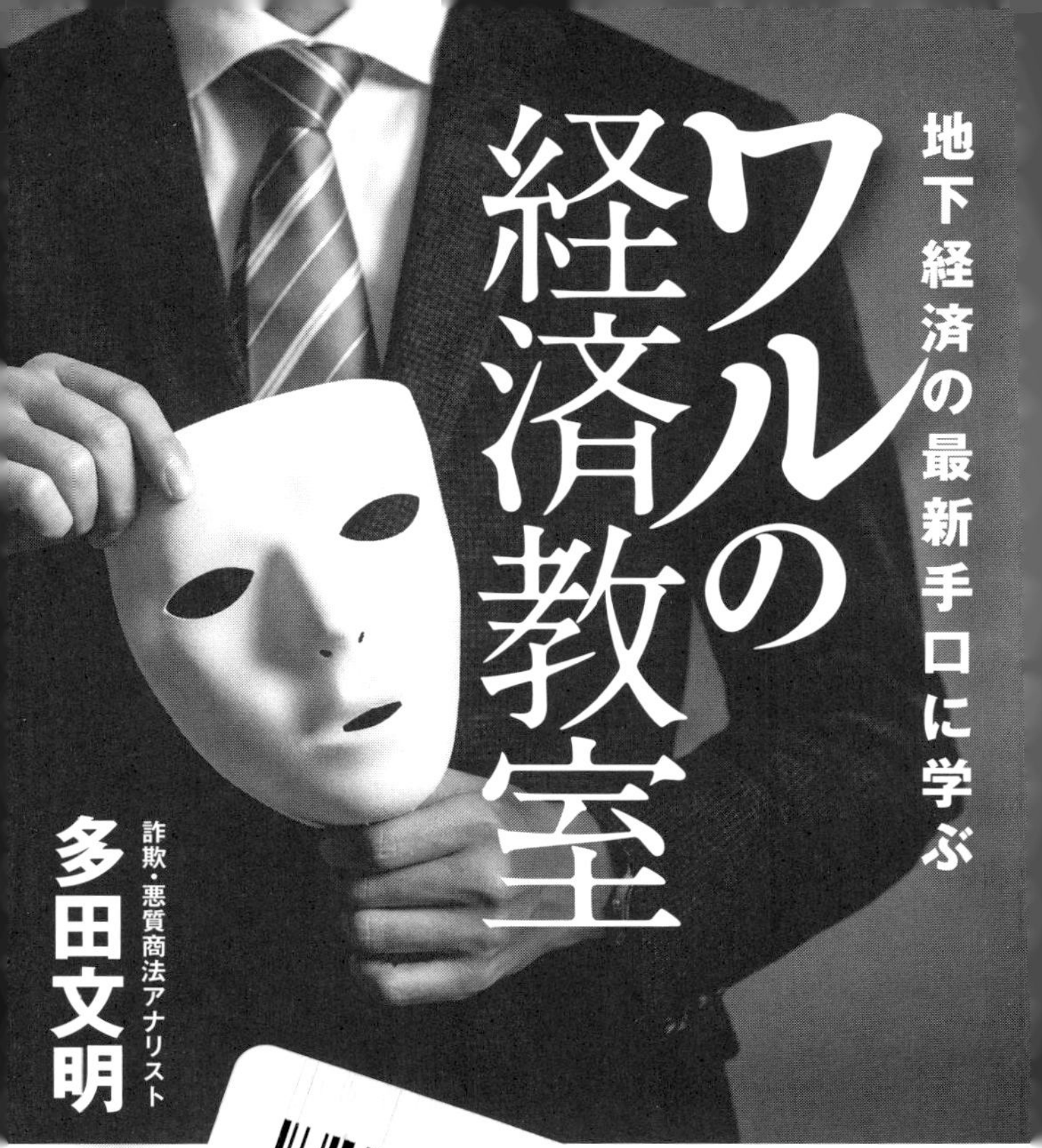

地下経済の最新手口に学ぶ

ワルの経済教室

詐欺・悪質商法アナリスト

多田文明

彩図社

はじめに

私たちはお金を払って、企業やお店からモノを買ったり、サービスの提供を受けている。こうした経済活動は、単にお金のつながりだけで成り立つものではなく、人と人との心のつながりから生み出されるものでもある。

もし店員の態度に気に入らないところがあれば、その店では商品を買わないし、逆に接客対応が良いという印象を抱けば常連客になるに違いない。当たり前のことかもしれないが、私たちの心が動いてこそ、お金というものは出ていくようになっている。

私はこれまで潜入ライターとして詐欺や悪質商法、カルト宗教、ネットワークビジネスといった地下経済の取材を重ねてきた。

地下経済というと、嘘や詭弁で塗り固められた世界というイメージがあるかもしれない。たしかにその通りだ。地下経済の主役であるワルたちは、こちらが思いもよらないような手を使って、金を騙し取ろうとしてくる。だが、その手口をつぶさに見てみると、ワルたちが大金を手にできている理由が、単に嘘や詭弁だけではないことに気づかされる。ワルたちは人の心をつかむのが、異常なほど上手いのである。

卓越した詐欺師になると、話をするだけで１００万円、２００万円といった大金を簡単に相手の懐から出させてしまう。そこにあるのは、ターゲットを見つけ出すマーケティング、そしてターゲットの心を巧みに動かす交渉術や会話術、つまり表の社会に通じるビジネステクニックである。

本書は地下経済で使われているワルたちのビジネステクニックを分析し、それを一般の社会で応用しようとするものである。

ワルたちは巷のビジネステクニックを学び、それを騙しの手口に応用したのか。それとも悪知恵を駆使した先に、ビジネステクニックに通じるものがあったのか。その辺りは判然としない。だが、私は後者の方が多いのではないかと考える。

悪質商法の場合、ワルたちは法律に触れるか、触れないかのギリギリのところで経済活動を続けており、少しでもミスをすれば逮捕されることもあり得る。それゆえ、彼らは常に世の中の動向にアンテナを張り巡らせて警戒を怠らない。もし既存の騙しの手口が使えなくなったと判断すれば、瞬時に高度な悪知恵を働かせて新たな手法を繰り出してくる。

たとえば、架空請求詐欺がある。振り込め詐欺が世間で騒がれ始めた頃、「サイトの未納料金があり、あなたは裁判を起こされている」というハガキがよく届いた。この脅し文句に驚いた人たちが、ハガキに載る電話番号に電話してしまい、お金を騙し取られた。

だが、この騙しの手口が多くの人に知られると、被害が減ってくる。すると、今度はメールによる架空請求詐欺が横行する。ハガキによる詐欺では高齢者が主なターゲットだったが、メールを使うことで若者から中年層まで被害に遭うようになった。詐欺師はターゲット層の拡充をはかったのだ。

しかし、次第にこのメールによる架空請求も下火になる。人々の「メールによる料金請求は詐欺」という意識が高まったことで、メールを送っても読まれなくなったからだ。すると、ワルたちは再び高齢者に狙いを定め、架空請求の新たな罠を仕掛け出した……。

この先の展開は本書の24ページに譲るが、彼らは騙しの手口がうまくいっても、それが長く続かないことがよくわかっている。

ビジネス的にいえば、架空請求の手口を次々と変える一連の流れは、彼等が「プロダクトライフサイクル」を体感的に知っているがゆえの行動と言える。プロダクトライフサイクルとはマーケティング用語のひとつで、市場に出された商品やサービスがどのような動きをするのか、端的に示したものだ。

商品やサービスは市場に投入された後（導入期）、次第に成長していき（成長期）、売り上げや利益を増やして成熟する（成熟期）が、そのピークを境に売上は減少し始め、やがてその商品やサービスは衰退していく（衰退期）。プロダクトライフサイクルでは、商品やサービスはこの4段階のサイクルをたどっていくとされる。

稼ぐワルは、騙しの手口が成熟期に入ったことをいち早く見抜く。そしてその手口が衰退期に入り始めた頃には、もうすでに別の手口を詐欺の現場に導入し、成長期を迎えさせている。だから詐欺の被害はなくならない。ワルたちは、世の中の流れに棹さすのがうまく、手口の切り替えやターゲット設定が本当に巧妙なのだ。

最新の詐欺や悪質商法の手口には、あらゆるビジネスに通じる金の卵が埋まっているといえるだろう。それらをこれから赤裸々に書いていくわけだが、くれぐれも悪用厳禁である。本書の内容は、まっとうに社会の中で生きる人たちにこそ使って頂きたい。

また、ワルたちの使うビジネステクニックを知ることで、それらを反面教師として騙されないための護身術も得られるはずである。この書のもうひとつの使い方として、活用して頂ければ幸いである。いずれにしても、この書が社会にとって負の方向ではなく、正の方向で生かされることを切に望むものだ。

さて、それでは早速、『地下経済の最新手口に学ぶ　ワルの経済教室』の講義を開始するとしよう。

最新地下経済の手口に学ぶ　ワルの経済教室　目次

はじめに……2

【ワルの経済講座その1】
「押し売り→押し買い」転向に学ぶ、腕利きワルの「手のひら返し術」……10

【ワルの経済講座その2】
ターゲットから大金を引き出す詐欺師の「四則演算」とは？……17

【ワルの経済講座その3】
なぜ賢いワルはボロ儲けの手口を次々に発案できるのか？……24

【ワルの経済講座その4】
最後に必ず「うん」と言わせる敏腕ワルの「しりとり」勧誘術……31

【ワルの経済講座その5】
なぜ知能犯ワルはこぼれ球をねじ込めるのか？……38
【ワルの経済講座その6】
ワルは就活生を「アイドマ」で手込めにする……45
【ワルの経済講座その7】
なぜ人は「ついでに」と言われると金を払うのか？……53
【ワルの経済講座その8】
18億円詐欺のワルどもに学ぶ「自尊心」の捨て方……60
【ワルの経済講座その9】
ワルが「拝啓」ではなく「前略」で荒稼ぎする理由……66
【ワルの経済講座その10】
サプライズで一攫千金、第一印象が良すぎる人にはウラがある……73
【ワルの経済講座その11】
検索上位の「無料相談」に電話したらヤバいのか？……82

【ワルの経済講座その12】
客を三球三振にするワルの「話の段取り」術とは？……90
【ワルの経済講座その13】
「30万払え」アダルトサイト架空請求撃退 実況中継……96
【ワルの経済講座その14】
なぜ大阪の企業は「葉山ゆい」に簡単にやられたのか？……102
【ワルの経済講座その15】
深みにはまると悩みが増す、なぜ人は〝教義〟に心酔するのか？……108
【ワルの経済講座その16】
巨額の金を生み出す、振り込め詐欺「強者の戦略」とは？……114
【ワルの経済講座その17】
ワルは「リバウンド手法」でターゲットの心を意のままに操る……122
【ワルの経済講座その18】
女性を狙う愛人詐欺、そのウラにある「ペルソナ戦略」……133

【ワルの経済講座その19】
詐欺師たちが使う、逆境を乗り越える発想法とは？……140
【ワルの経済講座その20】
3位以下で相手を騙す、詐欺の「アップデート戦略」とは？……150
【ワルの経済講座その21】
視線を誘導してワナにはめるワルの「動線テクニック」……158
【ワルの経済講義その22】
コンフィデンスを構築するためのワルたちの秘策とは？……167
【ワルの経済講座その23】
悪質業者と電話対決、勝敗を決したクロスカウンターとは？……175
あとがき……185

【ワルの経済講座その１】

「押し売り」→「押し買い」転向に学ぶ、腕利きワルの「手のひら返し術」

■「押し売り」がダメなら「押し買い」がある

長年、詐欺・悪質商法をウォッチして思うこと。それは一時期、隆盛を極めた「手口」は、警察の摘発や多くの人の警戒感とともに一旦は下火になるが、一定の時を経て、再び形を変えて猛威をふるいだすということだ。特に、巧妙な手口であるほど以前とは１８０度真逆のやり方をしてくる。

悪質商法における最大の特徴は、強引な販売方法にある。

過去には、様々な「押し売り」被害が頻発した。そのひとつに、被災地から来たという業者が「復興支援のために魚を買ってほしい」とやってくるものがある。対応に出た女性に対して、業者は玄関先で「試食だけでもしてくれませんか」とお願いをして、魚のかつおを切り分ける。それを食べた女性は、被災地への支援という思いもあり「少しくらいなら買おうか」と考えて、600円ほどの切り身を買うことを申し出た。すると、業者は「もうこの魚は商品にならないから、丸ごと1本買ってくれ」と言いだす。そして「買うまではここを動かない」と凄み始める。

切り分けた刃先鋭い包丁をすぐ横に置いての販売行動に家人は怖くなり、かつお1匹を丸ごと購入してしまった――。そのような「押し売り」に関する相談が消費者センターにたくさん寄せられ、大きな社会問題となった。

■宝飾品を売らずに、買う

その後、登場したのが、貴金属などを強引に買い取られる「押し買い」による被害である。

これは、業者が「いらなくなったアクセサリーの鑑定をします」と家庭を訪問し、執拗に手持ちの指輪などの宝飾品を見せるように依頼。最終的にそれを二束三文の不当に安い値段で買い取るという手口だ。

その際、業者は「このアクセサリーは偽物です」と嘘をつく。また、「使わないものを持っていても、仕方がない。今が売り時だ。早くしないと損をします」と、消費者が断っても玄関先に居座ることもある。結局、根負けして業者の言い値で売り渡してしまう。この押し買いに対する法的規制が2013年になされたが、今もなお、被害は起こり続けている。

契約するまでは帰らない、という強引さは変わらないものの、以前の宝飾品を「売る」形から、購入した貴金属を転売して利ざやを稼ぐ「買う」という180度違う手立てに変化させている。消費者としても、金を取られるのではなく、金をもらえるために、業者の言いなりになってしまいがちなのである。

■「メビウスの輪」（リバース）商法から学ぶこと

悪質商法はメビウスの輪のようなものだ。

メビウスの輪とは、細長い1本の紙を180度ひねって他方の端に貼り合わせてできる環のことで、表裏がつながっているため、一方向に紙を進んでいくと、最初に表面だったものが、いつしか裏になっているという輪のことである。

強引に消費者に契約を迫る手口は変わらないものの、「売りつける」という表側が、いつし

■「押し売り」から「押し買い」への転換

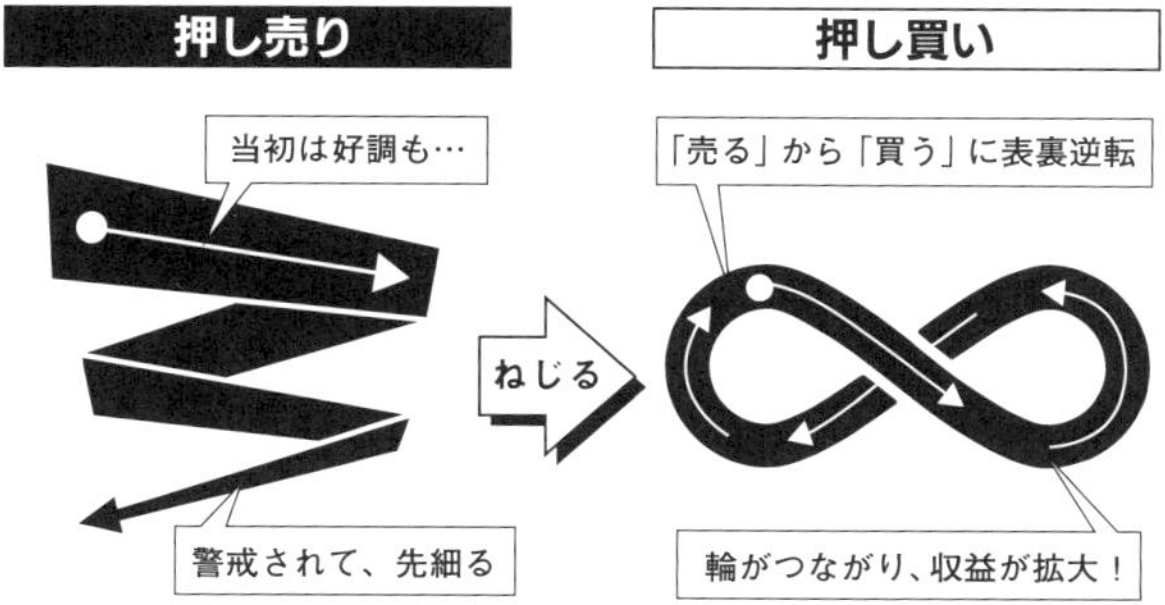

法律による規制や注意喚起、一般市民の警戒などの影響で、売上は次第に減少していく。

発想をひねることで相手の警戒の盲点をつき、押し売り商法の新しいトレンドを作り出した。

か「売ってもらう」という裏側になる。

マルチ商法（連鎖販売取引）もこの手法をとりいれている。最初は、儲かる話があるといって、言葉巧みに誘い込む。仮に販売組織にお金を払って加入すると、自動的に儲けるために自らも勧誘員として活動しなければならなくなる。そう、勧誘された側が、勧誘する側に回るのだ。

■「表を裏に」変える技術

マルチ商法のシステムでは、勧誘される側を仮に「表」とすれば、販売組織に参加することで勧誘するという「裏」の立場になる。マルチ商法は表を裏にしながら、販売組織の拡大を図っている。

■ 中高年向けかんたんスマートフォンの成功

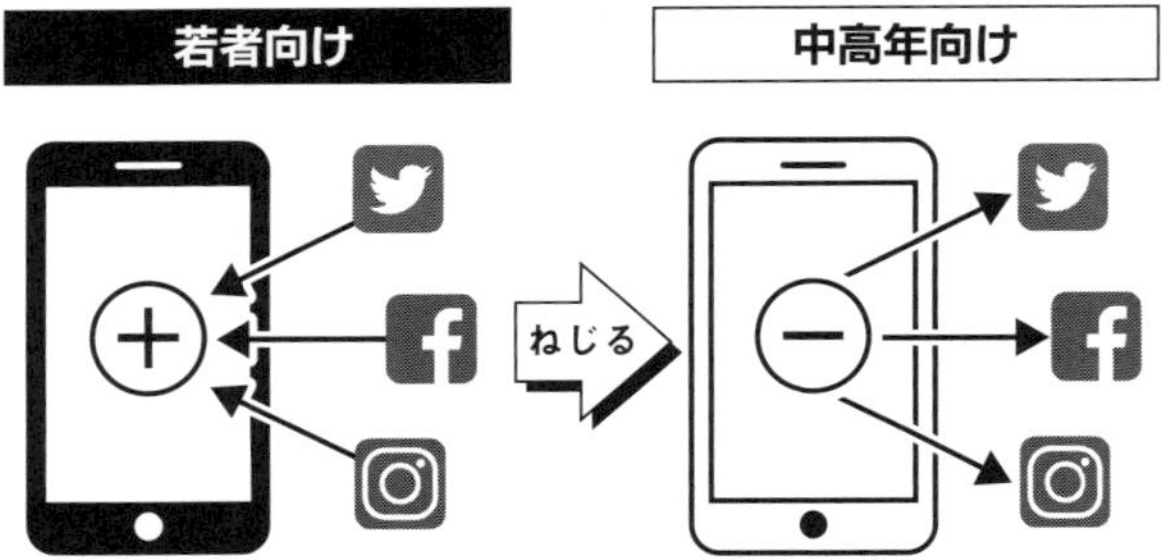

通話やメール以外にも、さまざまなアプリケーションを盛り込み、多機能で高性能にする。

操作を複雑化させる余計な機能を省略。シンプルで使いやすくなり、中高年者に人気に。

　様々なビジネスシーンでも、思い切って「表を裏に」変えることで成功を収めることは少なくない。いわば逆転の発想である。
　大きな胸を小さく見せるワコールのブラは、２０１０年の発売以来、人気を博している。バストを上げたり支えたりするのではなく、〝抑える〟ことで美しく見せる機能が特徴だ。胸の豊かな女性にはそうしたニーズが潜在的にあることをつかみ、商品化したと言われる。
　靴底ゴムに丸みを持たせ意図的に不安定にすることで、体の筋肉やバランスを整えるという、リーボックのシューズも２０１１年の発売以降、女性を中心に人気だ。靴底が平らで安定していたほうが歩きやすいが、そこをあえて平らにせず、結果的に、脚やヒップの筋肉活動量を増やすことに成功したのだ。

スマホや携帯電話にも同じことが言える。様々な機能があった方が便利だと思う人がいる一方で、その多機能さゆえに操作方法がわかりにくい、と高齢者などには敬遠される。それゆえに、機能をできるだけシンプルにする真逆の発想で、商品のシェアを着実に拡大させている。

■逆転の発想で考えよ。「答え」はある

企業の宣伝費用のかけ方にも「表を裏に」する発想が効いた例がある。

テレビのゴールデンタイムの時間帯は視聴者数も多いが、広告費も高額だ。そこで広告を打てば、もちろん商品の知名度はアップするが、コストに見合うものかどうかは未知数だ。その点、勝算が持てるのは、深夜番組である。

深夜枠は視聴率は低く、あまり広告を流しても効果はないと思われがちだが、ここに商機を見出したのが通販業者だ。掃除グッズ、布団など、様々なものを販売し大きな売上げを記録しているのはご存じの通り。

深夜番組の代表的な視聴者は主婦である。彼女らは昼はパート仕事、そして夕方以降も、帰宅した子供や夫のために、食事やお風呂などの準備などで忙しく動き回っておりテレビを観る

暇がない。そうした人たちにとって深夜はすべての雑事から解放されて、ゆっくりとテレビを見られる時間なのだ。

もともと女性は購買意欲が高い。しかも、興味のある商品があれば、電話一本で注文できる手軽さがここにはあるゆえ、商品が売れないはずがない。テレビ宣伝においては、表から裏の時間帯へ移行しても、ターゲットを変えることできっちり商機を作り出しているのだ。

メビウスの輪のような「表がいつの間にか裏になる」「表を裏にする」という考え方次第で、成功する方法をひねり出すことは不可能ではない。ピンチはチャンス。逆転の発想でよく考えれば、「答え」はあるのだ。

【ワルの経済講座その2】

ターゲットから大金を引き出す詐欺師の「四則演算」とは？

■〝流行りもの〟は詐欺の格好のターゲット

仮想通貨を利用した詐欺やトラブルが相次いでいる。

仮想通貨の基軸通貨であるビットコインは、２０１２年に１ＢＴＣが９００円ほどだったものが、翌年には、２万円台となり、さらに値は上がり続けて、２０１７年には２００万円を超えるようになった。詐欺師たちは、ビットコインの値が上がり、話題になり始めた頃から、騙しの手を伸ばし始めている。

仮想通貨に便乗して、最初に行ったのが、高齢者を狙う組織的詐欺である。

高齢女性宅に、仮想通貨購入のパンフレットを送っておき、詐欺業者は「今、100万円分の仮想通貨を買えば、2～3年後には倍になる」と電話をかける。もし、この勧誘で本人が決断しなければ、今度は別な業者を装って「パンフレットが届いた特別な人しか購入できないもので、あなたはその権利を有している。もし仮想通貨を買ってくれたら、当社は3倍以上の値段で買い取ります」と購入をそそのかしてくる。これは、売り手と買い手の業者を装い、双方から電話をして、儲け心を煽る劇場型の手口だ。

すでに、2017年に神奈川県警により男らが逮捕されているが、詐欺犯らは「仮想通貨『リップル』を特別に購入できる権利がある」というパンフレットを送っておき、「このコインは、世界で使われている仮想通貨なので、これから必ず値上がりします」と説明しながら、数百万円もの金を騙し取っていた。

詐欺師が仮想通貨を使う一番の理由は、私たちが仮想通貨に対して「よくわかっていない」ことがある。私たちは理解していないことがあれば、知っている人に話を聞こうとするものだ。騙す側はその辺りの心理を巧みについて、その道のプロを装って、仮想通貨とは何かを懇切丁寧に説明しながら、騙してくる。

■若者も仮想通貨詐欺のターゲットに

しかし、仮想通貨の仕組みをわかっていないのは、高齢者だけではなく若い世代も同じだ。最近は、20代～30代が狙われている。

国民生活センターは、こんな事例を紹介している。

被害者は30代の男性。友人に喫茶店に呼び出され、同席していた友人の知人から「ある会社の仮想通貨に投資すれば半年で価格が3倍になる。一定期間内に売却したければ、会社が全て買い上げる」などと、仮想通貨の購入を勧められた。このとき別に出資者を紹介すれば、マージンを支払うとも言われたそうだ。

男性はインターネットで申し込み、仮想通貨の購入代金として約200万円を販売業者の口座に振り込んだ。しかし、購入後になってその仮想通貨が売却できないことが発覚。業者に買い上げてもらうこともできなかったという。マルチ商法の勧誘では「早いうちに参加した方が、多くの儲けを手にできる」というフレーズが使われるが、仮想通貨においても、値が上がっている事実を見せれば、この決め台詞は極めて効果的であるといえよう。

消費者庁は「公開前の仮想通貨を購入すれば、1か月半後の公開時には10倍に値上がりする」と値段が上がるのが確実なように勧誘して、自社の発行する仮想通貨を販売していた業者に、業務停止の処分を出しているが、今後も同様の事例は出てくるかもしれない。

また、ネットからの取引による被害もある。20代男性は、SNS上の「1日1%の配当がつく」という謳い文句に誘われて、仮想通貨の購入のため、業者に6万円を払ったが、購入先のサイトがなくなってしまった。しかも、男性は、サイト名や業者の名前を覚えていなかったため、お金を取り戻すのは極めて難しい状況である。

■詐欺犯は「カモ」を掛け算型で騙し取る

仮想通貨の勧誘の手口を見てもわかるように、詐欺師たちは、今、話題になっていることに便乗する。時事問題を足し算しながら、私たちの関心をひいて、騙そうとしてくるのだ。この他にも、IPS細胞の研究者がノーベル賞をとったニュースが流れれば、「IPS細胞の研究をしている会社があり、社債を購入できる」と持ち掛け、東京オリンピックが近づくと、それに関連する詐欺が出てくるといった具合だ。つまり、詐欺師たちは「足し算」しながら、私たちを騙そうとしてくるのだ。

もっといえば、詐欺師たちの思考は、「足し」「引き」「掛け」「割り」の四則演算ともいえる。「引き算」しながら騙す手立てでは、極端な値引きという手段が使われる。わざと数百万円もの高額な値段を示しておいて、それから一気に何十万円を値引いて、安くしたという印象を与

■ 詐欺の四則演算

〈足し算型〉

使い古された詐欺の手口も時事ネタを足すと、目新しいものに生まれ変わる。

〈引き算型〉

絵画などの高額商品の販売時などに使う。一気に価格を値引き、相手の判断力を奪う。

〈掛け算型〉

詐欺の被害者は繰り返し騙される傾向がある。標的を何度も騙し、金を倍々で奪う。

〈割り算型〉

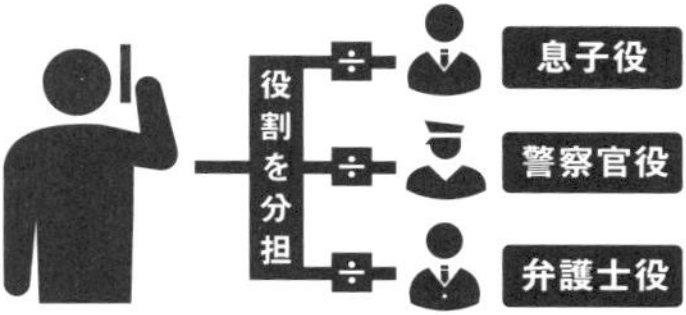

仲間うちで役割を分担し、標的を追い込む。オレオレ詐欺（劇場型詐欺）などで使用。

えて、契約へと誘うのだ。

「割り算」型では、高額な金額を月々の分割払いにして安くみせて、相手からの了解を取りつけやすくする。また、相手を口説き落とす際には、ストーリーの展開をいくつかに割って話を進める。振り込め詐欺では、何人も人物を登場させる劇場型の手法が使われるが、1人の人物がすべての嘘の話をするのではなく、息子役、上司役、弁護士役、金を受け取る部下役と、話を分割しながら、じわじわと相手を追い詰めていくのもこの手口だ。

特に、気をつけなければならないのが、「掛け算」型である。一度、騙された人は2度、3度と騙される傾向がある。詐欺を繰り返すことで、搾取する金を倍々に増やしていくのだ。

2018年には、大田区の高齢女性が、三男を騙る男から電話があり、7回にわたり、現金を渡して、被害金額が8200万円ほどにのぼっている。現代の詐欺では、本人が騙されたと気が付くまで、繰り返し金を払わせる「掛け算」型の傾向がある。

■「ワルの商談」は、柔と剛を使いこなす

このように、詐欺では相手の事情に合わせて、足し算、引き算など四則演算的な形で、話を進める。

引き算・割り算は、譲歩しているように見せかけることで、「こちらは、これだけ引いたのだから、今度はあなたが引く番ですよ」と、無言の圧力をかける。すなわち「柔（じゅう）」の手法である。

それに対して、足し算、掛け算は攻めの手法である。どんどん攻めの材料をあげていき、相手を追い込んでいく。つまり、「剛（ごう）」の手立てだ。

考えてみれば、まっとうなビジネスの商談においても、取引先・顧客などとの力関係や状況によって、交渉方法は変化する。足し算となるのか引き算となるのか……どの四則演算を使えば、相手のＯＫが出やすいかを計算して話を展開していくだろう。

詐欺は１００％違法行為だ。しかし、犯人たちはバカじゃない。知能をフル回転し、準備し、ワナをしかける。

詐欺犯らは社会状況から本人を取り巻く状況に至るまで、じっくり話を聞き出しながら、どの四則演算で話を展開すれば、相手の心に響き、財布のひもを緩ませられるかを熟知しているのである。

【ワルの経済講座その3】

なぜ賢いワルはボロ儲けの手口を次々に発案できるのか？

■賢いワルは「平行移動」でぼろ儲けする

詐欺事件が起きるたびに、よくもまあ、犯罪者らは次から次へと騙しの手口を考えるものだと思う人もいるだろう。その悪知恵の発想のもとは、どのあたりにあるのだろうか。

詐欺や悪質商法の勧誘のきっかけとして使われているものに、自動音声ガイダンスというものがある。

ある20代の女性が携帯電話に着信履歴が残っていたので、その番号にかけ直した。すると、自動音声で次のようなガイダンスが流れた。

■「Y字路」を使った詐欺の手口

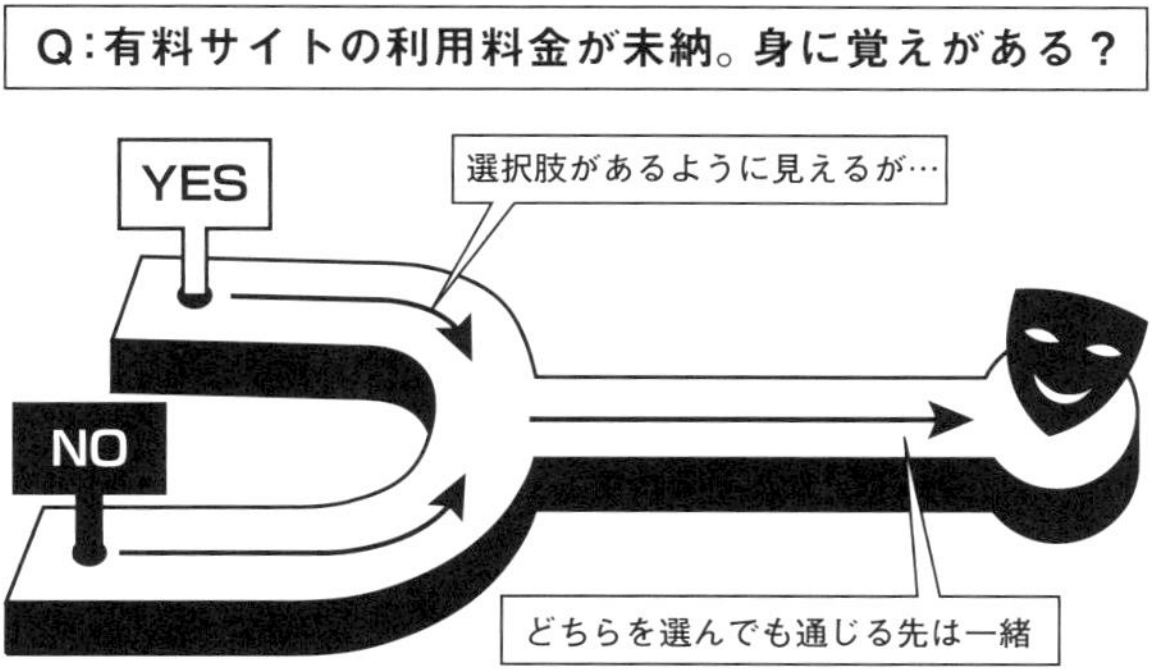
Q：有料サイトの利用料金が未納。身に覚えがある？
YES
選択肢があるように見えるが…
NO
どちらを選んでも通じる先は一緒

➡どの選択肢を選んでも詐欺師につながる！

「有料コンテンツの料金未払いが発生しています」

そんなはずはない……動揺した女性は、流れる音声に耳を傾ける。

「利用料金の確認や支払い方法についてはダイヤル『1』を、利用料金に身に覚えがない方は『2』を押してください」

つい音声案内に従って、どちらかのダイヤルを押してしまう。すると、オペレーターの男につながり、お金を早急に支払うように要求される。

身に覚えのないものだったが、女性は相手の指示のままに、コンビニへ向かい、航空チケットなどが買えるマルチメディア端末を操作して、約10万円を支払ってしまった。

これは、Y字路を使った詐欺の手口である。

自らの詐欺話に誘導するために、まず話に分岐点「Y字路」を作る。

そして、相手が「イエス『1』」「ノー『2』」のどちらの答えを選択しても、「詐欺師に電話がつながる」という一致点に導かれるような仕掛けをつくっておくのだ。

このワルの手口にあるのは、「平行移動の発想」である。

これまではコンピュータソフトなどを通じて、次々に架空請求などのメールを送り付けて、お金を払わせるパターンが多かった。おそらく皆さんのところにも、この種の迷惑メールが大量に届いて困った経験があるに違いない。

こうした一方的に送り付ける手法を、メールから電話へとシフトさせてきたのである。これまで1件、1件、手間暇をかけて電話をかけていたものを、コンピュータにリストをインプットさせることで、次々に自動発信の電話ができるようにした。そして電話に出た人のみに、応対すればよいので、実に効率的に詐欺が行えるようになったのだ。

一斉に不特定多数の人へアプローチするという図式はそのままに、メール連絡から電話連絡という形に平行移動させることで、メールを頻繁に使う若い世代だけでなく、高齢者たちもターゲットにすることができるようになった。

■メール、電話、SMS……アプローチ法を自在に変化

■ 架空請求詐欺における手口の平行移動

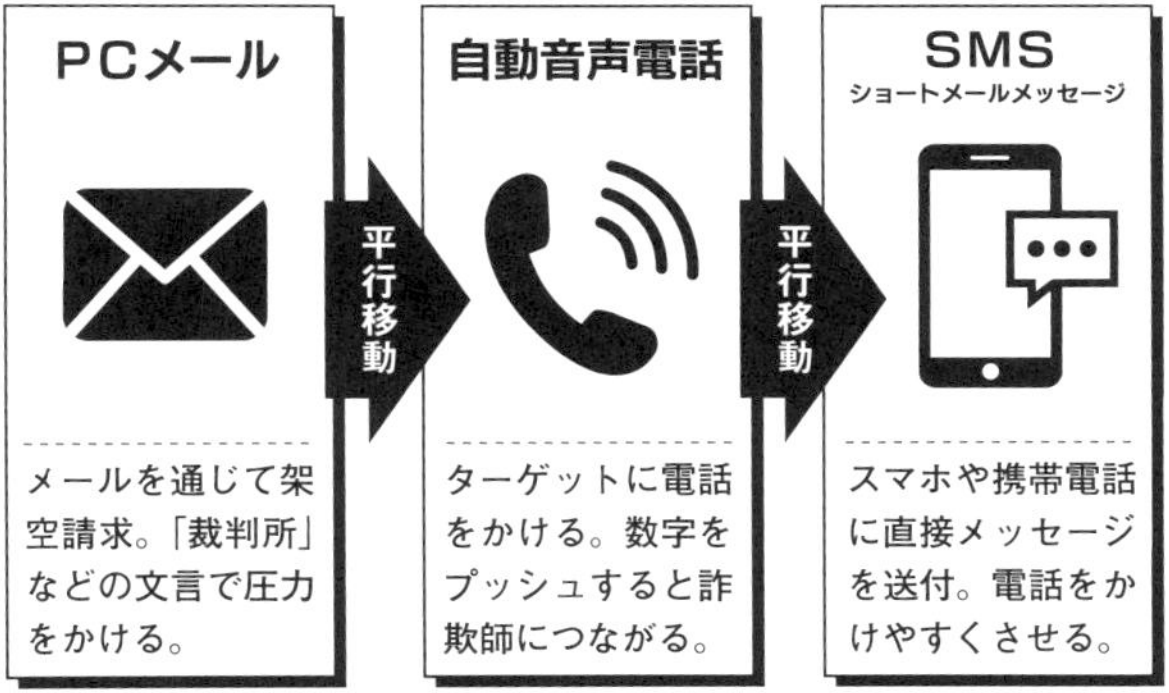

➡手口を平行移動するだけで、新手口になる！

実際、ＮＴＴ東日本を騙って「電話料金の返還をします」と自宅の固定電話に自動電話をかけて、ダイヤルを押すようにガイダンスを流し、ＡＴＭに誘導して、金を騙し取ろうとする手口も出てきている。

また、「電話料金が支払われていません」という音声を流して、金を取ることもある。今後は、迷惑メールならぬ、迷惑電話の増加が懸念される。

似たような発想の手口は、サプリメントなどの健康食品でもみられる。数年前に横行したのが、高齢者宅に「注文していた健康食品を送ります」と嘘の電話をかけて、勝手に商品を送り付けて、代金を回収する手口であった。しかし今や、ネットを利用した形にシフトしている。この場合、連絡手段は、かつては電話で、今はネットにシフトした形だ。ターゲットは高齢者だけではない。

ある女子高生が、スマホでＳＮＳを見ていると、サプリメントの広告が出てきた。クリックしてみると、安い値段で販売されていたので、申し込んだ。これは「リスティング広告」といわれるもので、ＳＮＳの広告には、登録した本人の性別や年齢、趣味、嗜好などに合ったものが表示されるようになっている。

しかし翌月にも同じ商品が届くので、業者に連絡をすると、４回までの定期購入になっていると言われたという。同様の相談は多く、30代女性がお試し価格の５００円のサプリメントを購入した後、同じ商品が届いて４０００円の請求書が同封されていた。業者に問い合わせると、定期購入が条件で申し込んでいるといわれたそうだ。

また、50代女性はＳＮＳに化粧品の広告がでてきたのでクリックすると、有名女優も使っているという化粧品のサイトが出てきた。通常より安い５０００円で買えるとあったので、申し込んだ。しかし最終画面で、個数や購入金額を確認できないまま注文が確定してしまい、後にクレジットカード会社に問い合わせると約4万円もの金額になっていた。

以上のように、注文をしていない商品を消費者に送り付けるという手口の角度は変えずに、ＳＮＳなどネットを使った方法にスライドして金を取るワルによる被害は増加の一途である。

これまでの送り付け商法のターゲットであった高齢者に、10代〜50代と比較的若い幅の広い世代を加えた形で、騙しの罠を仕掛けられるようになってしまった。ワルたちは、悪知恵で労せずして着実にターゲットを広げたわけだ。

■応用編：ワルの手口をあえて仕事に生かすなら

ビジネスの世界でよくいわれるのは、新しいアイデアやヒット商品などは必ずしも「新しい発想」から生まれるわけではないということだ。顧客の対象や領域を若干変えることで、「新アイデア」として成立することも少なくない。前述のワルの手口は卑劣極まりないが、あの「メールから電話へ」シフトさせる平行移動の思考によって、成功するケースはあるのだ。

北海道の旭山動物園もその一例かもしれない。

観客に動物を見てもらうという形は変わらないものの、動物本来の動きにフォーカスした展示方法を導入することで、飛躍的に来場者を増やすことができたのはご存知の通りだ。

ユニークな展示法……たとえば、頭上をみれば、はるか上の綱をオランウータンが渡っている。ホッキョクグマはガラス越しの私たちを餌と思っているのか、ことあるごとに近づいてくる。アザラシが透明なアクリル管のなかを泳ぎ上っていくたびに、客から「お〜」という歓声がわき上がる。

　1967年の開園後、一旦は入場者数を増やしたがその後は低迷状態に。旭山動物園は市営ゆえに、かけられる予算には限りがある。そこで考えたのが、動物の行動や表情を間近で見せるという展示方法であった。

　一般的に動物園の動物たちは、寝てばかりでまったく動かないこともある。特に気温の高い夏場は、生き物としての躍動感を感じられないことも珍しくない。

　それらの〝普通〟の動物園では、象は象舎で、サルはサル舎で同じ種類の動物を見せ、アフリカ、アジアなどの生息地ごとの檻で展示をしがちだ。が、これはあくまでも「分類の視点」からの見せ方であった。しかし、動物本来の視点にスライド（平行移動）して考えたことで、動物たちにイキイキと行動してもらうには、本来の生息パターンに近づけた〝装置〟にすることが大事だということに気づいたのだ。

　人はイキイキとしたものには心を奪われる。視点のスライドにより、新たなアイデアの窓を開いて、業績アップを促した好例であろう。

【ワルの経済講座その4】

最後に必ず「うん」と言わせる敏腕ワルの「しりとり」勧誘術

■ワルの親玉ほど「言葉」に細心の注意を払う

これは過去に、実際に起きた事件である。

財布を落とした女性が、JR小倉駅に取りに行った。30代の男性職員が財布を返却してくる際、「お金が抜き取られていますよ」と言った。財布をみると、6万円が残っている。

「なぜ、お金が抜き取られているのが職員にわかるのか?」

不審に思った落とし主の女性が警察に通報し、男性職員は8万円を盗んだ業務上横領の疑いで福岡県警に逮捕されたという内容だった。「お金が抜き取られている」などという不用意な一言で、窃盗行為がばれてしまったわけだ。

このような間抜けなケースは詐欺においても起こる。通常は話や手口が巧みでまったく尻尾を出さないワルなのに、突然、犯罪行為を露呈してしまうことがあるのだ。

私はこれまで数々の悪質商法の現場に潜入してきたが、勧誘元には、卓越した話術のベテラン勧誘員だけではなく、経験の浅い稚拙な勧誘員もいる。

稚拙な勧誘員が出てくるとたいてい支離滅裂な話になるので、かえって悪質業者の巧みな手口が読み取れないことも多い。それゆえ、リスキーだが、時にわざとその人物をやり込めて自分には手に負えない人物と思わせて、ワルの親玉ともいうべきベテラン勧誘員を引きずり出すこともある。

■上手に相手の「言葉の尻」をとって話を転がす

さて、両者の違いはどこにあるのか。

結論からいえば、相手の言葉の尻をとる思考ができるかどうかだ。

以前、絵画の即時販売会に潜入したことがある。

最初に対応したのは、若い女性勧誘員だった。彼女は「お仕事は何ですか?」と尋ねてきた。さすがに、「潜入ライターです」とはいえないので、「大手企業の営業職」などとあいまいにして答えた。すると次に、「趣味は何ですか?」と聞くので、「テニスです」と答えた。さらに、「ご自宅にお住まいですか?」と質問をするので、「いいえ、アパートに一人暮らしです」などという話をした。

そんな会話をしながら、画廊を見回ると、女性は「どの絵が気に入りましたか?」と尋ねてきた。私がある1枚のリトグラフを指差すと、その前に椅子が置かれて、商談態勢に入ることになった。

しかし、この女性はあまり話術にたけておらず、「この絵を選ぶなんて、お目が高い」というささか手垢のついた言葉ばかりを連呼する。そして言葉に詰まると、沈黙する。

この繰り返しに、私はしだいに眠くなってきた。とにかく、すべての話がブチブチと、切れていて、発展しないのだ。本来なら、私の職業が「営業職」ということであれば、「どんな営業なのか?」「会社の場所はどこ?」「社内での人間関係はどうですか?」など、いろいろ聞けるはずなのだが、彼女はそれをしなかった。

そのうちに、ベテランと思しき女性がやってきた。

まず「この絵のどこが良かったのですか?」と聞いてきたので、相手の力量をはかるため、わざと絵の本体ではなく「背景部分がいいですね」と意地悪な答えをしてみた。けれど、女性はひるむこともなく、私の話の尻をとり、会話をつなげる。

「なるほど、背景のクリーム色の感じが好きなのですね。ということは、性格は穏やかな方ではないですか」

私が一人暮らしだと知ると、「もし、この絵を飾るならどこがいいですかね？」と言いながら、詳細な部屋の間取りを確認して、「右の壁には何が貼ってありますか？」と尋ねてくる。

そこにカレンダーなどを貼っていることを伝えると、その反対側には、何があるかを聞いてくる。そして、左の壁に何もないことを知ると、「そこには、この絵を飾れそうですね」と話をつなげてくる。

■よどみない「しりとりトーク」で相手を丸裸に

とにかく話が巧みな人は、こちら側の話を最後までしっかり聞き、話の尻をとるのがうまい。話術の巧みな勧誘員は、いわば、しりとりをしながら、物事を考える。それに対して、稚拙な勧誘員は、話が切れ切れで、この先の話がどこに向かうのか、一向にわからない。

大根を包丁で切った形で例えると、稚拙な勧誘員は、輪切りしかできないのに対して、ベテ

■ 営業トークのキモは「しりとり」にある

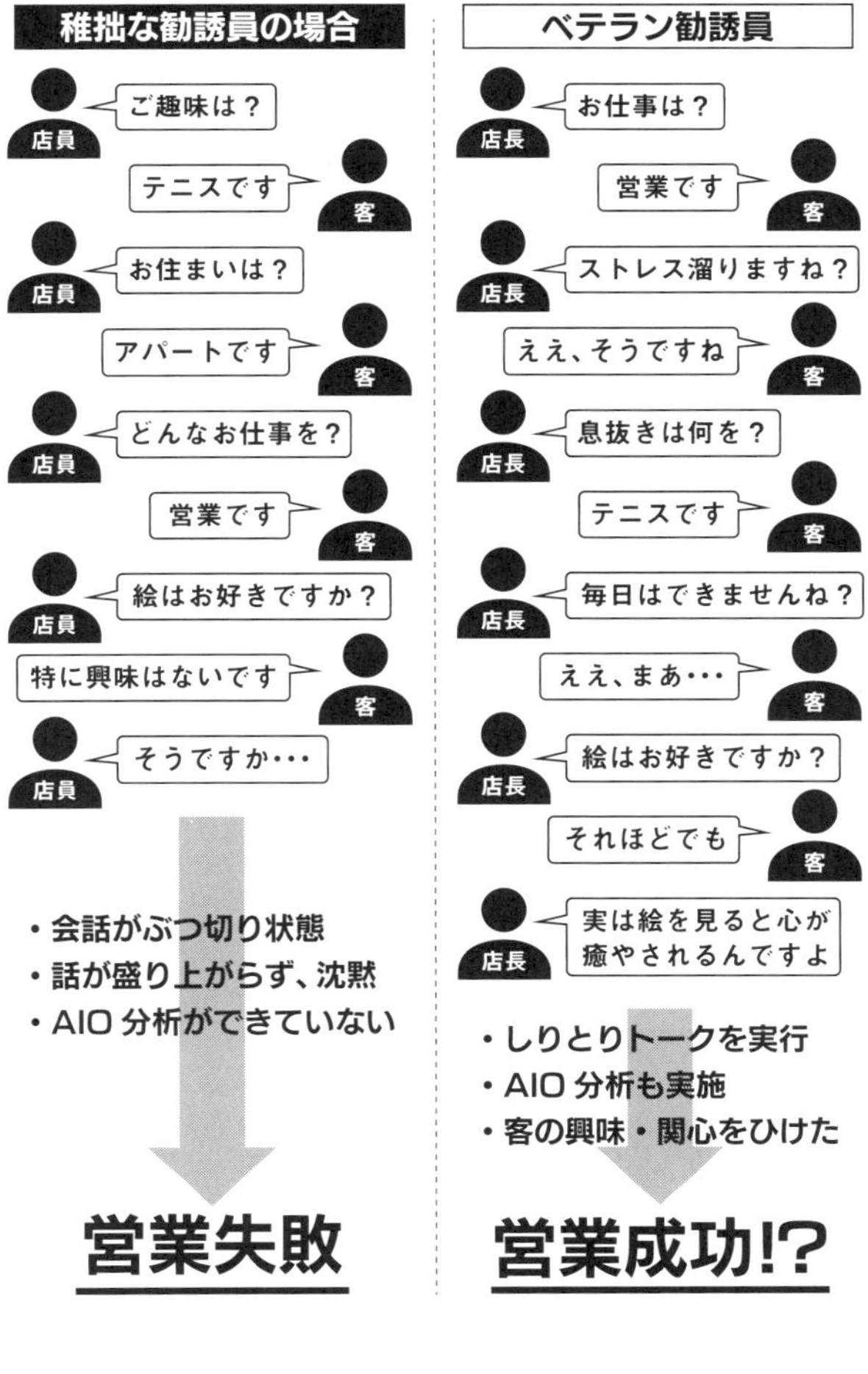

ラン勧誘員は、大根を薄くクルクルとかつら剥きにするようにして、こちら側の心を丸裸にしていくのだ。

一般のビジネス社会の営業マンにも話が上手な人と下手な人がいるが、やはり会話の中で、この「しりとりシンキング」ができているか否かが大きい。相手の話の尻を踏まえたうえでの次の質問につなげる。これにより、よどみない話の流れができるのだ。

もっといえば、話の流れのなかで、マーケティング業界で頻繁に使う「ＡＩＯ分析」をしているのだ。

ＡＩＯとは、「活動（activities）」、「興味（interest）」、「意見（opinions）」の頭文字をとったものである。仕事やそれ以外の余暇の時間をどう過ごしているか。何に興味や関心を持って、どんな意見を心に抱いているのかを分析する。それにより、相手の人となりが判断でき、その人にあったアプローチが展開できるというわけだ。

しりとりの面白さは、「りんご」「ごりら」「らっぱ」「ぱり」「りす」と、テンポよく話が進むところである。悪質商法でも、会話のしりとりをしながら、スムーズに商品の紹介、契約への説得と話を展開できる。しりとりが「すいか」「かばん」と、「ん」で終了するように、悪質商法でも「うん」という同意をさせて、勧誘活動は終了する。

■顧客が話をかぶせたくなる「話し方」

どうしても営業先での話がうまく進まないという悩みを抱える人は、相手が話した最後の方の言葉から、次に何を話すかを考えるといい。それも、可能ならば単なる言葉のしりとりではなく、文脈のしりとりができると話はもっとスムーズになる。

「先ほど、●●とおっしゃいました。まさにその通りだと思います。では▲▲についてはどのようにお考えになりますか？」

と、相手の言葉の尻に同意しながら、自分が提案したい内容につなげていくことも可能だ。

営業では、すべての提案内容を1から自分から話していたのでは、時間がかかり過ぎるし、話が長くなればなるほどインパクトは薄くなり、相手に鬱陶しい印象を与えることにもなりかねない。

それゆえに、会話のなかで客自身にこちらの言いたい話の筋を語ってもらうように誘導し、その話の尻に乗っかったかたちで、こちらの提案を展開する。これにより、効果的な営業トークができるようになるのだ。

【ワルの経済講座その5】

なぜ知能犯ワルはこぼれ球をねじ込めるのか？

■ワルは守備のウラを取る「Theストライカー」

知能犯であるワルたちは、私たちの思惑を超えた巧妙な手を打ってくることがある。〝クリエイティブ〟と言ってもいいくらいに。

たとえば、近頃、頻発するキャッシュカード詐取の手口。騙し取る方法のひとつに、デパートの店員などになりすます、というものがある。店員を装った人物が「ブランドバッグを買いましたか？」と、ある人物に電話をかける。身に覚えのない相手は、「買っていませんよ」と答える。

すると、店員に偽装した詐欺犯はちょっと驚いたようにこう畳みかける。

「あなた名義のカードが不正に使用されていますね」

まさか自分のカードが不正使用されているとは……と動揺する相手に、詐欺犯はやさしく語り掛ける。

「では、カードを停止して、回収する手続きを取った方がいいですね」

すると、今度は「全国銀行協会」などをかたる人物が電話をかけてきて、本人確認という理由で、まず暗証番号を聞き出す。

次に、自宅に「協会職員」を名乗る人物がやってきて、受領証などを渡しながらカードを騙し取るのだ。

百貨店店員（電話）↓全国銀行協会（電話）↓全国銀行協会（自宅訪問）という犯行プロセスで注目したいのは、それらが超短時間で行われているということだ。

最初の電話から30分もしないうちに詐欺犯らは自宅までやってくる。

特に高齢者の場合、矢継ぎ早に話されるため、クレジットカードからキャッシュカードに話が切り変わっても気付かずに、カードを渡してしまうこともある。

ワルは騙し取ったカードで、まんまとＡＴＭからお金を引き出すのである。

さらに巧妙な手口もある。

警察官を騙った男が「あなたの銀行口座が犯罪に使われている」と言って家を訪問する。そして「今後の不正使用を防ぐため」と称して、自ら持ってきた封筒にキャッシュカードと通帳、暗証番号を記入させた紙を入れさせて封を閉じさせる。いかにも小ズルいのは、次の指示だ。

「ハンコを押して、保管してください」

そして家人が印鑑を取りに行くために、封筒から目を離すと、その隙を狙い、男は別に用意していた封筒と、本物の封筒をすり替える。家人はまさか相手が偽の警官と思っていないため、封筒が入れ替わっていることに気づかずに、被害にあってしまうのだ。

■ワルが活用している「マッピング」思考とは？

この封筒のすり替えでは、相手が注意をそらした隙に犯行が行われている。これはワルたちが使う常套手段だ。よくサッカーでも「ウラを取る」という言い方をするが、これに似ている。ディフェンダーの動きを見て、攻撃側は相手の裏（死角）に入ることで、ゴールを狙いやすくなる。詐欺や悪質商法でも同様に、相手の見えない背後（隙）に回り込み、お金を取るというゴールを決めてしまう。先の手口でも「キャッシュカードが不正使用されている」という不安な話をしながら、ガードが甘くなったところを狙って、カードを搾取している。

■ 2軸の「マッピング」思考例

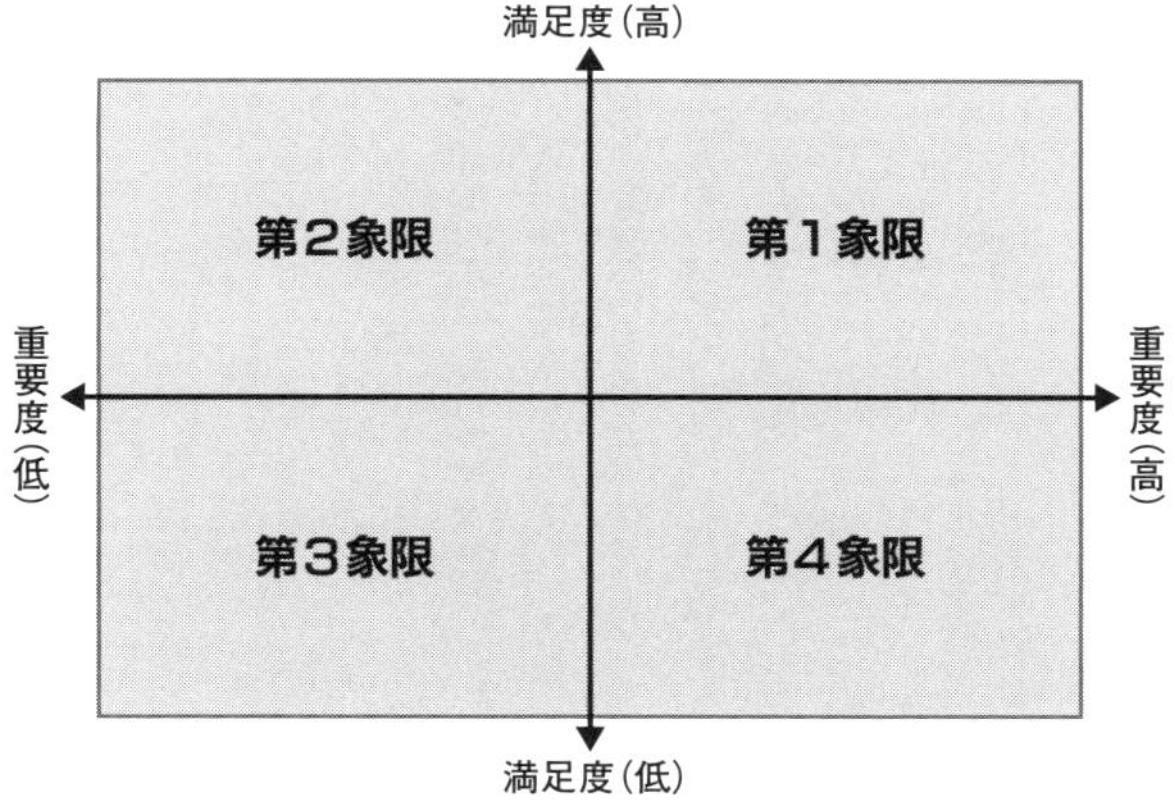

ワルたちは、私たちが視線をそらした隙に悪さを行うが、ビジネスでは、こんなことをしたら信用を失うことになるので、絶対にやってはいけない。逆に相手が見えないところで相手の利になるようなことを行ってこそ、信頼を得られるだろう。

いずれにしても、ワルは相手のどこに隙があるのかを見極めて、そこを攻めるのが実にうまい。その点からは学べるものがある。

仕事上の隙や漏れをなくす方法に、縦軸、横軸の座標を利用したマッピングが使われることがある。たとえば、縦軸を満足度にして、上にいくほど高くなるようにし、横軸に本人が考える重要度をおき、右にいくほど高くなるようにする。

商品購入の顧客に再び電話をしたとする。

このマッピングがあれば、その顧客がどこの位置づけにあるのかを考えて、話をすることができる。

顧客が、商品への満足度、重要性ともに強く感じている（座標の右上の第1象限＝41ページの図表参照）ならば、特に強いプッシュをしなくても、軽く購入を促せば、すんなりと契約してくれるかもしれない。うちわで扇ぐ程度の話をすればよいにも関わらず、延々と長話をしてしまって、相手に鬱陶しがられてしまえば、せっかくの上客を逃すことにもなりかねない。

左上の第2象限は、満足度は感じているものの、重要性をさほど感じていない人である。この場合、本人の状況を聞き出すなどして、相手に合わせた商品価値を訴えかけてみる。

右下の第4象限は、重要度は高いが、満足度の低い人だ。この時は、似たような効能を持つ別な商品を紹介していけば、そのなかに満足度を感じる商品が出てくるかもしれない。左下の第3象限の重要度も満足度も感じていない人だとすれば、まったくジャンルの違う商品を紹介していく手が考えられる。こうした位置づけをすることにより、相手に合わせた的確な話ができる。

この他にも、縦軸に過去と未来、横軸に私的と公的をおけば、相手が未来志向型か、過去の実績にこだわる人物なのか。また、自分の利益を中心に考えるのか、それとも、社会性を重んじる人物なのか。相手がどの象限に入るのかを考えて、その性格に沿った話ができる。金融商品の説明でも、縦軸に「儲かる、損する」、横軸に「リスクを恐れる、恐れない」の高低といったものを入れてみれば、相手のツボにあった金融商品を紹介できるはずだ。

■ワルは常にゴールネットを揺らす執念に燃える

悪質業者と対していると、彼らは2軸を使ったマッピング思考に長けていることがよくわかる。たとえば、開運商法による被害が多発したが、この手口では、まず安い金額の開運グッズを買わせて、その効果を尋ねるための電話をする。もし先ほどのように、重要度も満足度も高い顧客であれば、どんどん値段を吊り上げた商品、サービスを紹介して契約させてくる。しかし、彼らにとって一番厄介なのは、満足度も重要性も感じていない第3象限の人である。さらなる商品の販売は無理なのか？　いや、違う。彼らは諦めずに「効果がない」というウラをとって攻めてくるのだ。

「まったく、効果がない商品じゃないですか！　返品します！」と、強い口調で迫る客に悪質業者は、次のように語り掛ける。

「そうですか。でも、それはおかしいですね」

「えっ？」

「この商品を使って、これまでほとんどすべての人が、効果があると感じています。あなたのような人はとても珍しい。もしかして……」

「えっ、何ですか？」

「非常に、言いにくいのですけれども、あなたの因縁がかなり深すぎて、この程度の開運グッズでは効果がないということかもしれません。知り合いの霊能師を紹介しますので、みてもらってはいかがですか？」と提案して、後に高額な祈祷料をとるのである。まさに、「効果がない」というウラをとってくる。

ビジネスでも、ウラを取ることで大きな利益をもたらすことは多いはずだ。商品やサービスのクレームを受けた時、クレームの度合いが高くても、商品への愛着が高い客ならば、その不満を逆手にとって誠意ある対応をすれば、相手が長年使用してくれるヘビーユーザーに変貌する可能性は極めて高いのではないか。

また普段から安いものを買い、節約志向の人を「お金に渋いから、ものを買わない」と思い込むのは間違いである。ケチ度が高く、貯金率が高い場合、ウラを返せば、お金を貯めて、家など何か高価な買い物をしようとしているためかもしれない。そこを突いてみる。

2軸で相手の状況をマッピングし、ウラを取った営業をすることは、ゴールに執念を燃やし、相手の隙をついたりこぼれ球をねじ込んだりする執念のストライカーそのものなのである。

【ワルの経済講座その6】

ワルは就活生を「アイドマ」で手込めにする

■ワルが悪用するAIDMA（アイドマ）とは？

最近の詐欺や悪質商法は、〝科学的〟なセールススキルをもとに消費者心理を読み解いた上で、契約にこぎつける。

今、横行する振り込め詐欺をみても、なりすます人物は、息子だけでなく、会社の上司や弁護士など騙す人間の役割分担を決めて、ターゲットの事情に合わせたストーリーを展開して相手の心を揺さぶりながら、金を騙し取っていることからも、その傾向は明らかだ。

消費者が具体的な購買行動を起こすまで、どんな心理で推移していくのかを分析したものに、

ＡＩＤＭＡ（アイドマ）がある。

これは、ものを買うまでの5段階の心理状態を表したもので、消費者の注意（Attention）を誘うことから始まり、興味（Interest）を引かせ、欲求（Desire）を持たせて、記憶（Memory）に残させて、契約への行動（Action）へと誘う。

この原理を通してみると、彼らの手口の巧みさがみてとれる。

若者を狙う悪質商法のひとつに、高額な就活セミナーへと誘う就職商法がある。学生を取り巻く就職状況は、以前に比べてだいぶ改善してきたといわれるが、希望する会社へ入るには、いまだハードルが高い状況は続いている。

業者は、そうした就職不安を抱える人たちをターゲットにして、まず「注意を引く」ことから始める。たとえば、就職の合同セミナー会場や大手企業の近くで、「就活生へのアンケートです」と着なれていないスーツ姿の学生らに声を掛ける。

そしてアンケートを通じて、就職活動がうまくいっているのか、いないのかといった情報を聞き出す。以前なら、相手の不安が大きいと知ると、すぐに勧誘場所に引っ張っていったものだが、今はそれをせず、電話番号だけを聞いて、一旦、本人を帰らせる。この段階では、「注意を引く」（Attention）に止めておくのだ。

次に、さらなる興味（Interest）を与えるための電話をかける。

■ ワルたちも活用する「AIDMA」とは？

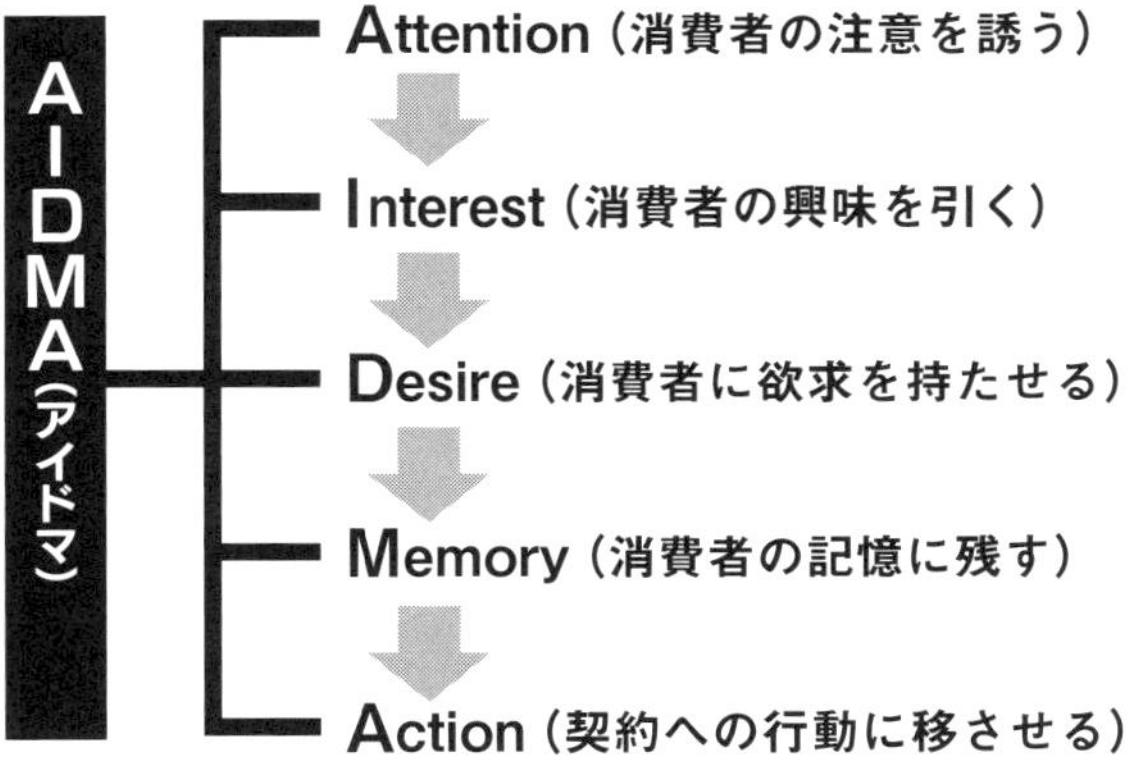

「先日、アンケートをお願いしたAです。覚えていますでしょうか」

そして現在の就職状況の厳しさなど、本人が身に染みている話をしながら「今後、どうすれば就職がうまくいくのか」を考えさせる。そして、「就職に役立つ、無料の説明会があるので、来てみませんか？」と誘う。「今後の就活に役立つ話が聞けるかもしれない」と思う就活生の興味を湧き立てるのだ。

■学生の心を落ち込ませ、ノックダウンに追い込む

学生が来場すると、ここでは無料の説明会と対面勧誘で、いかに就職に向けての勉強をしなければならないかという欲求（Desire）

を起こさせる。まず本人のビジョンをはっきりさせる必要がある。

「どんな会社へ勤めたいのか」

「具体的にどんな仕事につきたいのか」

といった、将来の夢を語ってもらい、業者も「あなたには、そうした才能がある」と気持ちをアップさせる。しかし同時に、面接が突破できていない現実を提示して、「なぜその理想が実現できないのか」の原因を徹底的に追及する。

その時、理由を本人の内面、性格、振る舞いに向けるようにするのが常套手段だ。もし、優柔不断さといった性格の欠陥を見つければ、こう言う。

「あなたの受け答えは、はっきりしておらず、答えが曖昧なので、やる気が感じられない」

しっかりとした挨拶ができていなければ、それを指摘してこう話す。

「あなたには、社会人としてのマナー力やコミュニケーション力が欠けている」

そして、「今のまま、自分なりの活動をしていたら、就職はできない。実際にどこからも内定をもらってないよね」と、徹底的に相手の弱みを突いて、心の落ち込みを誘い、精神状態をノックダウンさせる。

途方に暮れる相手に、「けれど、この講座で勉強すれば、理想の形で就職ができる」と希望を見せて、再び気持ちをアップさせるのだ。

こうした心のアップ、ダウン、再アップというN字型の話を展開することで、なぜセミナーを受けなければならないのかの動機をはっきりさせられる。

相手に契約をさせる上で、もっとも重要なのは、動機を相手の心にメモライズ（記憶）させることだ。そうすれば、高額な有料の就活講座の契約をさせるという、最終アクション（Action）にも、たやすくつなげられる。

■「決断力がないから、内定を勝ち取れない」と罵倒

こうしたプロセスを踏み、「動機をはっきりさせられた人」は、もはやどんなにジタバタしても相手から逃れられない状況になる。

もし、学生が「一度、家に帰って冷静になって考えたい」と言えば、「そんな決断力のないことだから、就職において、内定を勝ち取れない」と言い、「今、勉強を始めないと人生の敗北者になってしまう」と強い口調で攻める。

もし、「契約を親に相談したい」と言えば、「これから社会人として、自立をするはずのあなたが、親に相談することはおかしい」と言う。これから独り立ちする学生にとって、「自立心のなさ」という言葉はとても重く、これにより周りに相談できなくなる。動機を抑えられた学

■ 投資詐欺に見る「AIDMA」活用法

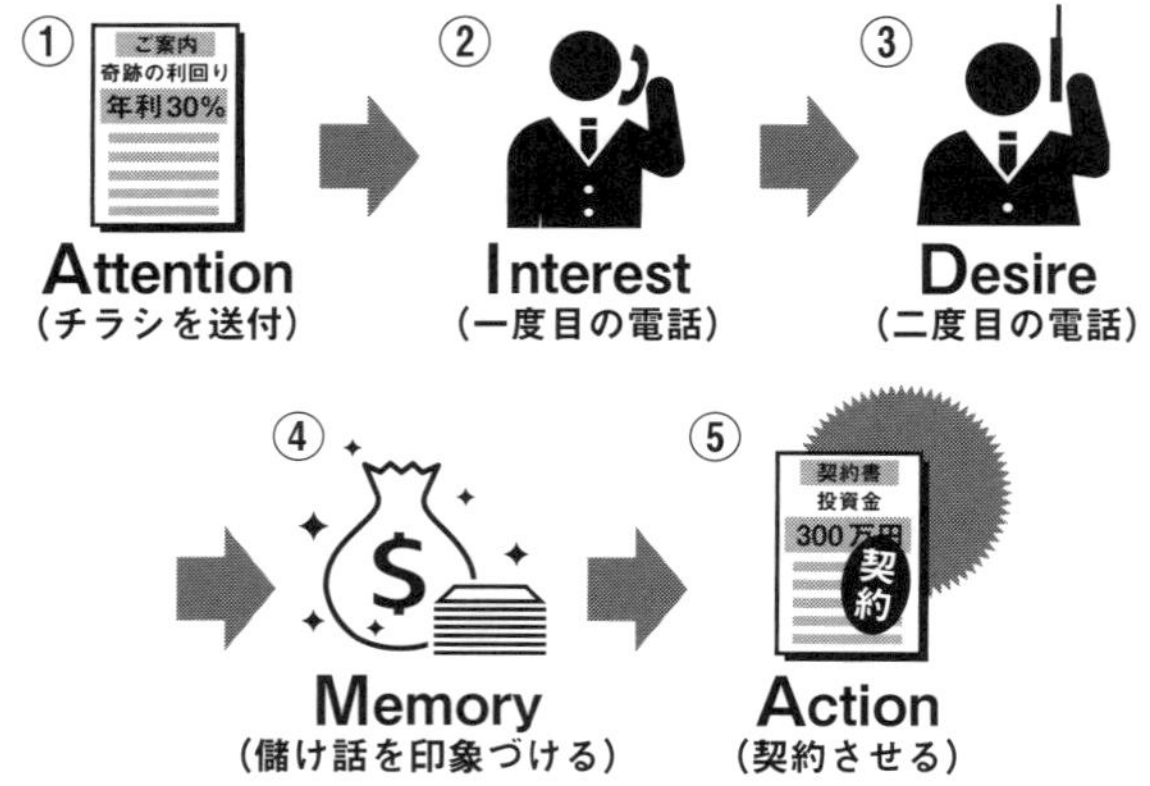

生は勧誘に対して、どんな断り文句を唱えてもそれを切り返されてしまうことになる。

この基本的な法則は、近年、被害が頻発する架空の金融商品を持ち掛ける詐欺にも、しばしばみられる。

高齢者のもとに、未公開株が購入できる権利を載せたパンフレットが届く。この段階では消費者に金融商品を知ってもらい、「注意」を引くに止める。そして相手に「興味・関心」をもってもらうために、販売業者が電話をかけて、儲かることを知らせる。

そして、さらなる「欲求」を起こさせるため、「その権利を買い取りたい」という別な業者が電話をかけて、さらなる儲け話を持ち掛けて、購買意欲を高めさせる。その際、相手の購入動機をはっきりさせるために、「いかにこの権利を行使することが大事か、権利放棄してはいかにもったいないか」を訴える。また、「被災者のための仮設住宅をつくりたい」などと、相手の人情に訴えかけて、人助けを名目にすることもある。そうやって購入の動機を相手の心に抱かせて、具体的な契約というアクションに至るのだ。

確かに、この法則に則った形で話を進めれば、契約させるための大きな武器になるだろう。しかし問題は、これにどのような魂を入れるかが、大事なのだ。

■デキる人は「アイドマ＋利他の精神」

悪質なキャッチセールスのように、勧誘する目的をごまかしながら、勧誘場所へ連れこんだり、相手に考える暇を与えない状況で契約を強いたりすれば、相手が「騙された」「強引な勧誘だ」と思うのも当然である。

もし、前述したアイドマをまっとうなビジネスに活かそうとするなら「自己の利益」という魂を入れるだけではなく、他者の利益も考える必要がある。

これについて、京セラ名誉会長の稲盛和夫氏は『生き方』のなかで、儲けたいという欲を我身だけに止めておかずに、取引先、地域、ひいては、国、世界へと、公益となるよう広く反映させていく。その「利他の精神が、巡り巡って、我身に利をもたらし、利を大きく広げていく」と述べている。

稲盛氏はこの精神について、僧侶からの話を引用し、わかりやすく説明している。

地獄にも、極楽にも、大きな釜があって、うどんがグツグツ煮えている。しかしそれを食べるには、1メートルもの箸を使わなければならない。地獄の人たちは、うどんを食べようと、我先に箸をいれるが、あまりの長さにその口に持っていけない。しかし極楽では、相手を思いある気持ちを持っているので、みんなが長い箸を使って互いに食べさせ合うことで、うどんという「利」を得ることができる。

詐欺と一般のビジネスの違いは、まさにここにある。

詐欺や悪質商法では、嘘や表面的なテクニックだけで自分だけを利するという点だけでの付き合いをする。しかし、本来のビジネスでは、点だけではなく、利他の精神をもってつながり合い、線でつき合っていく。

詐欺の先にあるのは崖だが、一般の仕事では、こうした付き合いの延長線上に、本当の信頼関係が成り立ち、大きなビジネスチャンスがやってくる。アイドマの法則はあくまでもツールで、それを使う人がどうした心持ちであるべきなのか。それがいつも問われているのだ。

【ワルの経済講座その7】

なぜ人は「ついでに」と言われると金を払うのか？

■「ついでに」と言うと客が信用するメカニズムとは？

何ごとも、〝きっかけ〟が肝心である。せっかく重要人物に出会ったとしても、初期対応を誤れば、２度と付き合いがなくなるかもしれない。入り口をどうするかで、その後の展開は大きく変わってくる。

その点、悪質商法の勧誘は抜かりがない。今もなお悪質業者によるリフォームトラブルは絶えないが、高齢者宅を訪れて「今のままだと、地震で家が倒れてしまいます」と嘘をついて不安を煽り、リフォーム契約をしていた男らが特定商法取引法違反の容疑で逮捕されている

（業者は2億円近くを荒稼ぎ）。

悪質リフォーム業者は、いかにして高額な契約へと誘うのか？

ひと昔前の悪質な訪問販売業者であれば、公的機関を騙ることに重きを置いていた。

「消防署の方から来ました」

「市役所から、水質調査に来ました」

そして、「点検します」を名目に家へ上がりこんで、執拗に消火器や浄水器の販売をする。

だが、こうした騙り商法では、後に家人に身元を調べられた場合、簡単に嘘が発覚してしまうことになる。それゆえに、最近は導入部分にもっと自然な文言を用いてくる。

業務停止命令を受けたある業者は、次のような手を用いていた。

家を訪問する際、まず粗品を渡しながらこう言うのだ。

「近くで工事をしています。ご迷惑をおかけすると思いますが、よろしくお願いします」

「近所から音がうるさいと苦情が入ったので挨拶しています」

そして、「ついでに」という感じで尋ねる。

「ところで、何か、お住まいで、ご不便はありませんか？」

「もしよろしければ、無料で屋根や床下をみましょうか？」

そして、家人から点検の了解を得るや屋根に上がり、帰り際にこう嘘の不具合を説明する。

■「ついでに」商法のカラクリ

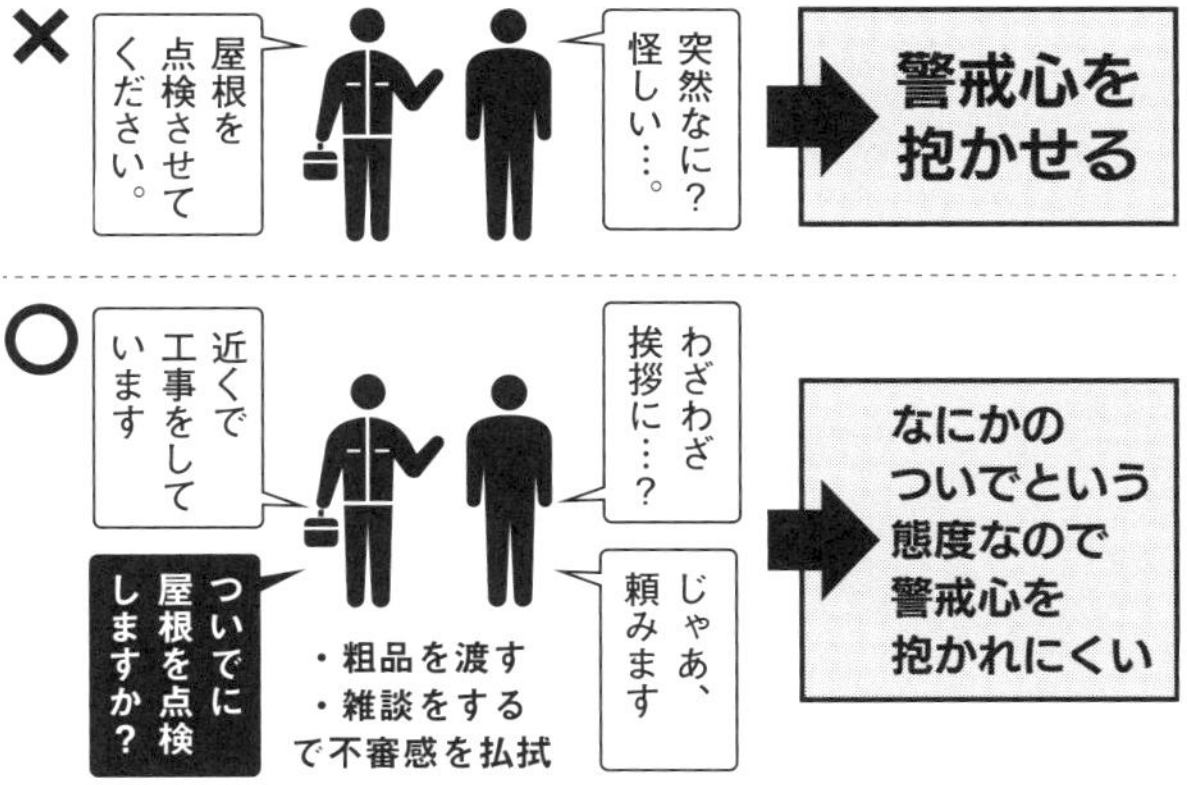

「釘がいくつもはずれていますね」

「このままだと、屋根の漆喰が落ちてしまいますよ」

不安になった家人から「大地震が来たら瓦は落ちますか」と尋ねられると、「落ちます」と断言する。

そして、ここで高額なリフォーム契約に……とはならない。ここがポイントだ。

■本物のワルは「ついでに」アプローチのプロ

ワルは入り口をもっとソフトにする。業者は優しい口調で「本来、3万円の工事ですが、1時間位の工事で、1万円で直せますよ」と、簡易な工事契約を示してくる。家人に「その位の金額で、できるのならば」という思いにさせて、最初の契約をさせるのだ。

しかしながら、リフォーム工事はこれで終わらない。補修後に、ボロボロの木片を見せて、

「中の木がぐしゃぐしゃなので、釘を打てませんでした」

「棟をとめている針金が腐っています」

「瓦にもヒビが入っているものが、何枚もあります」

と不安にさせたうえで、業者は新しい屋根をかぶせる高額な工事契約へと誘ってくるのだ。

なかには、挨拶に行った際、わざと忘れ物をするケースもある。立ち去ろうとする業者に家人が「忘れていますよ」と声をかけたところから、勧誘をスタートさせる。業者は「ありがとうございます」と深々とお辞儀をしながら、親切のお礼とばかりに、

「ついでにお宅の屋根を見ましたが、釘がはずれているので、このままだと雨漏りしますよ」

と、家の不具合を指摘し始める。このように、何かの〝ついで〟というソフトな形で、ワルたちは近づいてくるのだ。

以前に起こった試食商法では、高齢者宅を果物の販売業者が訪れて、「試食してもらえませんか？」とやってきて、果物をナイフで切って、食べさせる。そして、「おいしい」という言葉を家人に口にさせて、値段も言わずに「買いませんか？」と尋ねてくる。

たいした金額ではないだろうと思う家人に「そうね」と答えさせると、一気に１箱

1万8000円という市価より高い金額を提示してくる。「高い！」と断っても、すでに家に入り込んでおり、居座って押し売りし続けるため、家人は根負けして購入してしまうのだ。

ここでも、「試食をちょっとどうですか?」という軽い提案から、やってくる。導入が軽い話であれば、相手は業者の言葉に耳を傾けるし、同意もしやすい。それゆえに、悪質業者は入り口をソフトにして、話の流れをつくろうとする。

■「ついでに」商法はまっとうなビジネスでも有効

ビジネスにおいても、この「ついでに」という形は、とても使い勝手のよいものだ。最初から単刀直入に本題を尋ねるのではなく、「もうひとつ、お伺いしたいのですが」と、ソフトな形で質問すれば、相手は答えやすくなるだろう。

刑事ドラマを見ていても、刑事が容疑者に向かって、帰り際に振り返り、「あっ、最後にもうひとつだけ、質問よろしいですか?」と尋ねる。すると、相手は不意を突かれて、本音を答えてしまう。そんなシーンをよく見かける。

案外、人は本筋から離れたところから、やってくる言葉や行動などに、弱いものだ。本当に聞きたいことを「ついでに」にしてみると、警戒心なく相手は答えてしまい、本音を漏らしや

■「ついでに」商法はオモテのビジネスでも活躍

ビジネスでは取引先との継続的な関係を形成するのも重要。次のビジネスにつながるものはないか、たえず「種」を撒いておく。

すくなる。

これは、営業でも大いに使える。

たとえば、飲食関係の販売営業をしているとする。ある店でプライベートでの飲食をしたついでに、店主へ今後新たにメニューに加えたいと思っている商品を尋ねながら、名刺を渡し、自社の人気商品を紹介するなどして、「興味がありましたら、よろしくお願いします」と、プラスαの営業につなげることができるだろう。

ほかの営業でも使えそうだ。広告会社があるメーカーのチラシ制作の受注をした時に、ついでに他の営業所でも何かイベントを企画していないかを尋ねる。こうしたノリシロを多く重ねることで、次の仕事への足掛かりにできる。ごりごりの真正面からの営業だと、相手が面倒臭がったり、「何か、売りつけられるのではないか」と警戒したりするが、「ついでに」というスタンスにしておくことで、相手の心にすっと入ることができる。

特に、住宅やマンションなどの大きな金額を扱う営業では、まめに顧客のもとを訪れながら、タイミングを見て、営業をかけることだろう。これを「近くにきたついでにお伺いしました。何か、お困りのこと、ありませんか？」というソフトな形で話をもっていかないと、相手から「また営業に来たよ」と嫌がられるに違いない。

「ついでに」とは次の種を撒くことだ。

その種に信頼という水をかけながら、大きな取引に成長させていく。この「ついでに」という〝ノリシロ〟があって、今の仕事と次の仕事をつなぎ合わせられる。これを多くした人ほど、営業実績は伸びるはずである。

【ワルの経済講座その8】

18億円詐欺のワルどもに学ぶ「自尊心」の捨て方

■手口は？　わずか2時間半で18億詐欺

２０１６年5月15日、前代未聞の事件が発生した。17の都府県のコンビニＡＴＭから、海外の偽造クレジットカードを使って、18億円を超えるお金が一斉に引き出されたのだ。それも日曜日の早朝、１００人以上が、わずか２時間半という短時間で犯行を行うという類まれな事件であった。

その後、ＡＴＭから20回以上の金を引き出していた男らが逮捕され、それらを指示していた主犯格と思しき人物も逮捕されているが、いまだに犯罪組織の全容解明にまでは至っていない。

なぜ、これだけの大規模な犯罪を行うことができたのか。

こうしたカード犯罪のウラには、海外の犯罪組織が関与しているケースが多い。今回もATMに不正カードとして検知されたものに、中国の焼き肉店カードがあったことからも、その関与がうかがえる。

ただし、現金の引き出し役を準備して、海外のクレジットカードが使えるコンビニ店などの場所を的確に指示し、カードのキャッシング枠10万円分から金を何度も引き出させるという用意周到な犯行は、海外の犯罪組織単独ではなしえないものだ。

振り込め詐欺においても、高齢者宅に「あなたのカードが不正に使われています」と嘘の電話をかけて銀行関連の職員を装った男に訪問させ、キャッシュカードを騙し取り、出し子といわれる存在を使いATMから金を引き出すという手口がある。今回も似たような金を引き出す手口を使っていることから、出し子などのノウハウが活かされているとみて間違いない。

すなわち、今回の事件は海外の犯罪組織と振り込め詐欺や暴力団など国内の反社会的勢力とのつながりによって引き起こされた犯行と考えてよいだろう。ここにあるのは、いわばシナジー効果を利用したものといってもいいかもしれない。

ご存知の通り、シナジー効果とは2つ以上のものが互いに作用し合うことで、これまで以上の効果や結果を生み出すという相乗効果のことである。ハッキングしてカード情報を得た組織と、金を引き出すのに卓越したノウハウを持つ組織が手を組んだことにより、これだけの犯罪が行えたといえる。

■頭のいいワルとワルはいかに手を組むのか?

シナジー効果はもちろん、一般のビジネスでも十分に可能なものだ。

企業同士、あるいは社内の部署同士が手を結んで、互いの技術力を組み合わせながら新商品を開発したり、生産性を高めたり、マーケットをうまくシェアしながら売上げを倍増させるという効果を生みだせる。

ただし、烏合の衆が手を組んだからといって、必ずしも効果があるわけではない。

互いにとって一番のウィンウィンの関係になるためには、対極にいるような立場の者同士のスキルを組み合わせた時に、大きな結果が出てくる。たとえば、テレビドラマにもなった小説『下町ロケット』のような町工場の老練な技術と宇宙開発や海底探査機開発などの最先端科学との共同開発は、その好例といえるだろう。

そのために、まず自らの強みと弱みを知る必要がある。

よく用いられるのが「ＳＷＯＴ」による分析の方法だ。

■ 18億円詐欺事件の日本人詐欺団の「SWOT」分析

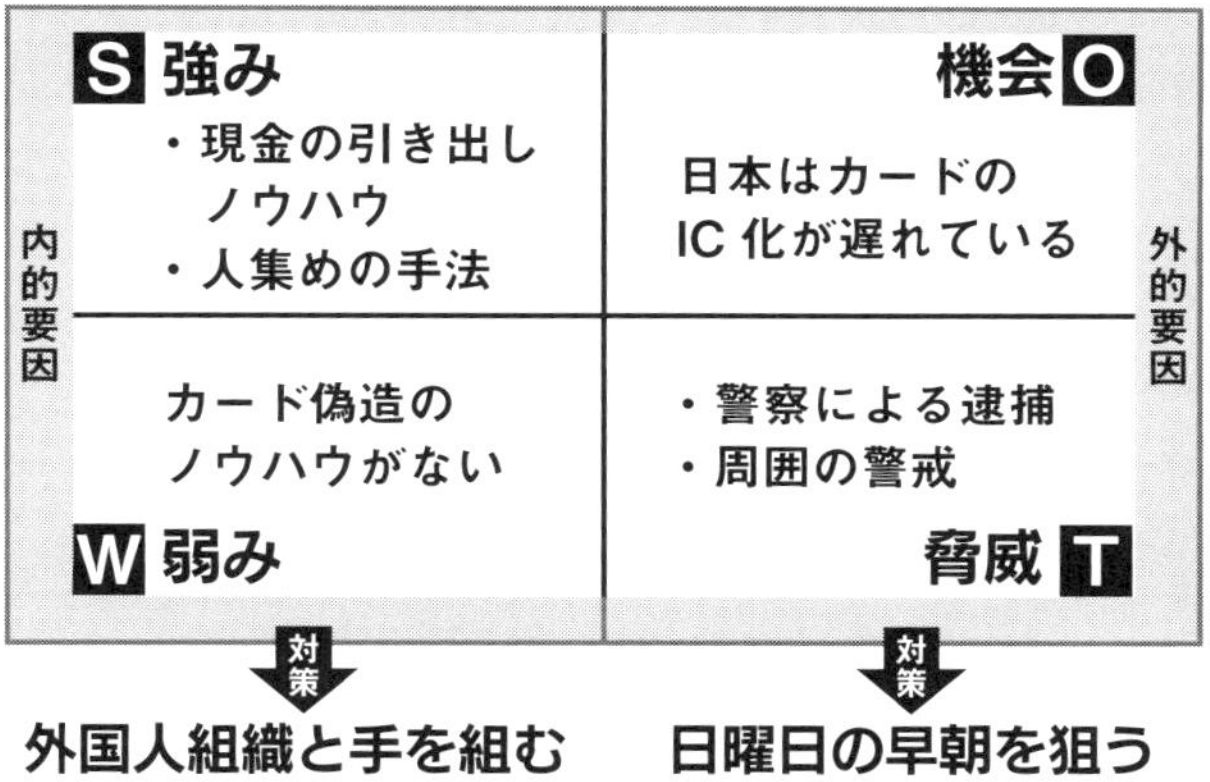

ＳＷＯＴは、
「Strengths」の強み（Ｓ）
「Weaknesses」の弱み（Ｗ）
「Opportunities」の機会（Ｏ）
「Threats」の脅威（Ｔ）
の頭文字をとった言葉で、上記４つの範疇を使ったマトリックスを使って分析する。

そして自らにある強みを知り、それを生かし、弱い部分を把握して、どう克服するか考える。さらに、外的な要素である機会を考えて、今後、訪れるであろう脅威をどう排除していくべきなのかを考えることで、新たな戦略を立てられる。

今回の18億のＡＴＭ詐欺事件をＳＷＯＴ分析にかけると、その巧さがみてとれる。

日本の犯罪集団の「強み」は、なんといっ

ても振り込め詐欺に見られるような現金引き出しのノウハウだ。そして一気に金を引き出せるだけでなく、人集めのノウハウも持っている。しかし、クレジットカードの偽造知識は乏しい。こうしたカード犯罪を行うのは、もっぱら海外犯罪組織である。そうした弱みを克服するために、日本の犯罪組織は、海外組織と手を組んだ。

さらに報道によると、カード犯罪に長けた者たちは、出し子らがお金を引き出す間、南アフリカ銀行のシステムにハッキングして、システムの誤作動を引き起こさせ、しかも引き出す際の暗証番号も同じものになっていたという。このような行動は日本の振り込め詐欺の出し子にはできないテクニックだ。

機会という点をみれば、日本はセキュリティの強いＩＣカードではなく、脆弱性のある磁気カードの使用が一般的である。ＩＣ化されていない、今の日本では犯行をしやすい。しかも、東京オリンピックを控えて、海外カードを使うためのインフラも整備されてきており、タイミングがベストだと判断したのだろう。

ワルたちにとっての脅威は、多額の現金を引き出すと犯行がばれて逮捕されてしまうところだ。そこで、日曜日の朝という人の少ない時間帯を狙い、短時間で犯行を行う計画を立てた。

■ワルに学ぶ儲かる「プライドの捨て方」

逆の立場から見れば、海外の組織は、大人数を集めて現金を引き出させ、お金を持ち逃げさせることなくしっかりと金を回収するといった、統率のとれた組織的手法を持ち合わせてはいない。ハッキングなどを行うグループと実行犯、まったく違ったスキルをもつ者が連携した結果の犯罪であるといえる。犯罪集団はお金を騙し取るという共通した目標が一致すれば、体面など気にせずに手を組み合う。

一般のビジネスにおいても、SWOT分析を通じて、自社の販売商品の強みを把握しつつ弱みがあれば、それを克服する方策を検討することが基本だろう。もしその方策が自社内では対応できないものだとすれば、他社との連携を模索することで、シナジー効果を狙うという戦略を取るべきだ。しかし時に、（人の手を借りるといった）体裁の悪さが壁となるかもしれないが、そこは、たとえ相手がライバル会社や下請け会社であっても、プライドを捨てて組むことで、大きな結果が生まれる。

ビジネスパーソン個人においても、同様である。相手が「自分にないものを持っている」と思えば、自尊心などかなぐり捨てて、謙虚に耳を傾ける。それにより、自らをより高い位置にステップアップさせることを期待できる。組織であれ、個人であれ、プライド・体裁といった壁を乗り越えた先にこそ、シナジー効果を生み出す鍵があるといえる。

【ワルの経済講座その9】

ワルが「拝啓」ではなく「前略」で荒稼ぎする理由

■東京五輪がらみの詐欺が続発中！

２０２０年の東京五輪へのカウントダウンが始まっている。

しかしながら、必ずしもその準備はスムーズとはいかず、当初の予算よりも大幅に金額が膨れ上がってしまったため、競技会場の再選定が議論されるなど、バタバタした状態が続いた。

その一方で、ワルたちは用意周到にオリンピックをからめた話の詐欺で数千万円の金を騙し取っていた。

この手口では、まずオリンピック財団や、オリンピック協会などさも存在しそうな団体名を名乗り、高齢者たちに、電話をかけてくる。

「東京オリンピックのチケットのご購入ありがとうございます」

しかもその購入金額が約300万円と聞いた高齢者は驚き、「申し込んでいませんよ」と強い口調で答える。

「ですが、あなたの名義で、チケットの申込みをされています」と、電話口の担当者は困惑ぎみに答える。

この手口には様々あり、「あなたの名義で申し込みがされている」という以外にも、「あなた名義で、当社の口座にお金が振り込まれていますよ」ということもある。

その人物は、「調べた結果、あなたの個人情報が犯罪者集団に使われているようですね」と畳みかける。購入していない事実をわかってもらえたという安心感を抱く反面、個人情報が勝手に利用されている不安心を煽ってくる。

その後、警察や弁護士を騙る人物から電話があり、「あなたの銀行口座が犯罪集団に使用されているので、このままだと口座が差し押さえられる。年金も振り込まれなくなる」などと脅される。そして、個人情報リストの削除費用、手数料など様々な名目で、お金を騙し取られてしまう。

■今どきの詐欺師は「拝啓」より「前略」を使う

2013年の東京五輪開催決定から、オリンピックがらみの詐欺は多かったが、手口がバージョンアップしてきている。

以前は、事前に地域限定で入場券を購入できるパンフレットやハガキを送っておいて、その後に「チケットを買いませんか？」という電話がかかってきて、購入を促す。また、「そのチケットを購入したい」という大手旅行会社を名乗る業者が電話をかけて、「チケットを買えば、高値（購入価格の3倍）で買い取りますよ」といってきた。

つまり、消費者自らの意思に任せた形で申し込ませて、入場券代を騙しとろうとする手口だった。この形だと、本人に思いつかせる形を取っているので、嘘の発覚を遅らせることができた。ただし、詐欺師にとっては、お金を騙し取るのに手間や時間がかかることがマイナスだった。

しかし今は、その前段階をすっ飛ばして、「あなたは、チケットを買っています」と言ってくる。この騙しの肝は、手紙でいえば、「拝啓」から、「前略」の手口にもってきている点だ。「拝啓」であれば、時節の挨拶やご機嫌伺いを入れながら、丁寧な文面から入る。「暑さ厳しき候……」そして「いかがお過ごしでしょうか」などと続く。

■「前略」タイプの詐欺の手口

前置きをなくして、いきなり本題に入ることでターゲットの動揺を誘い、正常な判断力を奪う。詐欺は仕込みが重要だが、ダマシの内容によっては、一気に勝負をかけた方が良いこともある。

それに対して、「前略」はそうした挨拶を省いて、用件から入る。まさに、この詐欺の手口も「入場券を買いませんか？」という最初の導入部分を割愛して、いきなり「あなたは、入場券を買っています」と用件から入ってくるのだ。

突然、用件を浴びせられると、電話を受けた側は、一気に相手のペースに乗せられてしまう。そして、多くの人は、考える間を与えられずに、次々に偽警察や弁護士などの語る話に聞く耳をもってしまうことになる。

■営業や交渉は、「拝啓」「前略」のどちらが効果的か？

ビジネスにおける交渉においても、どちら

の話し方で進めるかが大事になる。営業にとって、拝啓型の礼節を重んじての対応は大切なことだ。「今日は暑いですね。最近はいかがですか?」という挨拶言葉から、じっくりと交渉に入る。

しかしながら、相手と話す時間が限られていたり、揉めそうな案件を切り出さなければいけなかったりする時、こんな悠長な話をしていられない。そんな時は、余分な部分は省き、最短距離で相手の心に突き刺すことになる。

拝啓型が、A地点から、B地点にいって、C地点にいくという話のルートであれば、前略型は、一気にA地点を省いて、B地点からC地点に向かい、結論を早める形だ。

私事で恐縮だが、以前に、雑誌のインタビュー取材を受けたものの、数カ月間、ギャラ（規定の謝礼金）が払われないことがあった。記事を執筆したライターからは何の連絡もないので、ライターの上司にあたる編集者にこの件について電話をすることにした。

「お世話になります。以前の○○号でインタビュー取材を受けた『多田』と申します。その節はありがとうございました」と丁寧に、ことの経過を述べて、最後に次のように締めくくった。

「申し訳ないのですが、なるべく早くお支払い願えますでしょうか?」

すると、編集者は、驚いた様子で「そうでしたか。私自身、編集部から担当部署が変わってしまったので、目が行き届かず失礼しました」と非礼を詫びた後に、「すぐにお支払い致します」という。

「すぐに」という言葉を聞いて、一旦は安堵したものの、その後、たびたび銀行口座を確認するも、まったく入金がない。そこで、元編集者に電話をするも、まったく連絡がつかなくなるなど、数週間が経過してしまった。もはやこれは、拝啓型で丁寧に依頼している場合ではないと判断した。

そこで、私は雑誌の編集部に電話をかけて「編集長ですか、この件の責任者を出してもらえないか」と直談判をしたのだ。電話に出た人には、「〇〇号のインタビューを受けたが、数か月以上もギャラが支払われていない」と要件のみを告げ、口調も「支払いをお願いします」とやんわりしたものではなく、「早急に払ってください！」という語気を強めたものにした。その後、決裁権のある人からすぐに電話があり、3日後に入金されることになった。

■「前略」型のほうが相手にダイレクトに伝わる

こうした前略型では、相手の意思とは関係なく、一方的にこちらの要求を突きつけるため、その要求や意見がダイレクトに相手に伝わりやすい。急なトラブルによる問題解決や、揉めそうな案件ですぐに上司に決断を急がなければならないといった事態ほど、有効になるだろう。

ただし、前略型で話を切り込むためには、正論が必要になる。私の場合は「インタビューに答える仕事をしたので、お金（謝礼）を頂戴する」という正論である。それが、正論とまではいかなくても、多くの人が納得できるような根拠が必要になる。

この点、詐欺師は巧みである。

先のオリンピック詐欺を見ても、入場券購入の話自体は嘘ではあるが、多くの高齢者が納得してしまうような「あなたの名前で、入場券が買われています」「あなたの個人情報が洩れています」という話を展開している。

だれもが納得できる道理や主張があれば、前略型を行うことで、一気に結論へと話を導ける。しかし、もし正論なしにこれを行えば、ただの無鉄砲ということになりかねない。目の前の案件を、拝啓型でじっくり話を進めるのか、前略型でことを構えるのかは、その時の状況にもよるが、そこには、相手を納得させられるだけの正論があるかが、大事になる。

【ワルの経済講座その10】

サプライズで一攫千金、第一印象が良すぎる人にはウラがある

■「いい第一印象」で儲けるワルたちの手口

10年ほど前、私は詐欺・悪質商法を撃退する方法を思いついた。それは、あれこれ買わせようとする悪質業者に対して、「お金がない」と言うことだ。

相手がこちらをいくら騙そうとしても「金がない」のだから、取れるものは何もない。それゆえ、「フリーターで、ローンを組めない」と言えば、ワルたちはたいてい去ってくれたものだった。

しかし、今は事情がかなり変わってきている。

お金をさほど持っていなくても狙ってくるのだ。そのひとつに「荷物転送を装ったアルバイト詐欺」がある。

手口はこうだ。

まず、ワルたちはSNSでの書き込みや口コミ、ネットの求人サイトなどを通じて、不特定多数にアルバイトの情報提供をする。これに興味を持った応募者が連絡すると、情報提供をしたワルは仕事内容をこう告げる。

「あなた宛に送られた電化製品、電子機器を所定の場所に送る（転送する）仕事です」

アルバイト料は荷物を1回転送するにあたり、なんと3000～5000円ほど。応募者は送り先を書いて送るだけの、自宅でできるコスパの高いおいしい仕事だと思ってしまう。

ただし、当然のことながら業者は罠を仕掛ける。応募者に対して言うのだ。

「商品には高額なものがあり、持ち逃げされたら困るので、まずあなたの身元を確認させてほしい」

もっともらしい言葉で、運転免許証や健康保険証を写真に撮って送信するように指示する。応募者は通常のアルバイトだと思っているので、それにすんなりと応じてしまうことが少なくない。

後日、応募者のもとに本人宛の荷物が届き、業者の指示のままに荷物を転送すると、アルバイト料がきっちり銀行口座に振り込まれる。お金が入ったことから、応募者はきちんとした会社なのだという印象を抱き、繰り返し荷物を転送するバイトを続けてしまう。

■「第一印象」でいかに1億を稼いだのか?

ワルたちの目的は何なのか？　実は、応募者のもとには、しばらくして次々と身に覚えのない電話利用料や電話機の代金などの請求がやってくる。カラクリはこうだ。

現在、ネット上では、格安スマホなどの購入や契約が簡単にできるようになっており、ワルたちは応募者の個人情報と身分証明書の画像を使って、不正に電話契約をすることができる。

こうしたネット上の契約では、基本的にクレジットカードが必要であるが、この時、応募者とは別の第三者の他人名義の番号を使用していることが多い。

応募者はウラでこのようなことが行われていることを知らない。だから、淡々と家に届いた荷物や契約書類を次々に転送してアルバイトをしてしまう。

だが、ワルは不正に第三者のクレジットカードで契約をしているので、携帯電話の代金などの請求は引き落とされることはなく、数カ月を経て、（契約時に住所が書かれた）応募者のもとに請求書がやってくる。そこで、初めて詐欺行為に利用されていることを知るのだ。

応募者が、知らぬ間に不正行為の片棒を担がされてしまったと気づいても、時すでに遅し。請求はほぼ免れない状態となる。

不正な方法ですでに取得された携帯電話は、裏の世界で振り込め詐欺などに使われたり、リサイクルショップや質屋などに転売されてしまう。すでに神奈川県警により、男ら3人が逮捕されているが、アルバイトら400人を使い、4000台ものスマートフォンなどの契約をして、1億円以上を稼いでいたという。

今回の事例では、様々な手口を組み合わせて、応募者を騙しへと落とし込んでいる。ワルたちの立場で言えば、荷物転送のアルバイト料を払うという「損して得取る」手法を繰り返しながら、信頼を取り付ける。第一印象をすこぶるいいものとして相手に植え付け、その後に「本性」をむき出しにして金を奪う。

このアルバイト情報を他人に紹介すれば、応募者たちも紹介料が手に入るため、口コミで話が広がっていった。詐欺の手口は、単体で機能させるよりも、それを複合させることで、より大きな騙しの力が発揮されてしまうことになる。

こうした荷受け詐欺では、応募者の「お金を稼ぎたい」という気持ちが巧みに利用されている。つまり、「お金を稼ぎたい」という思いの裏には、「お金がない」「お金に困っている」という現実がある。それをワルたちは、手玉に取っている。

「これまで何か騙しにあったことはありませんか？」と尋ねると、「私はお金をもっていないので、詐欺には遭わないわ」と自信を持って言う人は多い。しかし、先の事例のように、「お金がない」からといって、決して被害に遭わないとは言えないのだ。

ワルたちは、「取られるお金はないから騙されない」という警戒心の緩さにも乗じて免許証の写真を悪用して、勝手にスマートフォンの契約をする。そして電話が振り込め詐欺などの犯罪行為に利用されてしまう。

また、良かれと思って、アルバイト情報を他人に紹介することで、いつの間にか、悪の手先になってしまっている。すべてが「まさか」であり、驚きなのである。つまり、ここにあるのはサプライズなのだ。

■オモテのビジネスでは「第二・第三印象」が大事

ところで、サプライズが有効なのは「ウラの世界」だけではない。「オモテの世界」でも通用する。

一般のビジネスにおいても、サプライズを起こして、相手（顧客など）に興味を持ってもらい、商機を引き寄せることは可能だ。では、サプライズはどうやって起こさせるのか？　キーポイントになるのは、ギャップである。

もちろんサプライズといっても、先の詐欺と一般のビジネスでは決定的に違う部分がある。それは、ワルたちが相手に対して悪のサプライズを行っているのに対して、ビジネスでは良きサプライズを行う点にある。

悪のサプライズでは、最初にアルバイト料を払い、儲かっている状況を作り、そのウラで不正に取得した免許証を利用して、応募者を罠にはめて大損させていた。相手に不利益を被らせようとするサプライズである。

それに対して、他社との付き合いを重んじる一般のビジネスでは、相手にとっても利益になる良きサプライズをもたらしながら、ウィンウィンの関係で物事を進めていかねばならない。

これは、「ゲイン・ロス」という考え方でみるとわかりやすい。

ワルたちは、先に「ゲイン」（利益）を与えておきながら、「ロス」（不利益）の結果をもたらすゆえに、悪のサプライズとなってしまう。それに対して、最初に「ロス」すなわち、致命的にならない程度のマイナスの状況を設定し、その後に「ゲイン」というプラスを作りだす。そのギャップにより、〝良き〟サプライズを起こすことができる。第一印象ではなく、いわば「第二・第三印象」で高い評価を得ようという戦術である。

たとえば、思い焦がれた人に告白したものの、そっけない態度を取られて、脈なしと落胆し

■ 第一印象「ゲイン→ロス」と「ロス→ゲイン」

ているところへ、突然、プレゼントを持った彼が現れて、「付き合いたい」と言われる。劇的な「ロス→ゲイン」の動きにより、嬉しさと驚きは倍増する。

女性たちから結婚を決断するに至った経緯を聞くと、その裏ではよく「ロス→ゲイン」の動きがあることに気付かされる。

最初に出会った時はさえない人だと思っていても、後にその人の男らしい部分に惹かれたとか、最初は自分勝手な人だという印象だったが、よく付き合ってみると思いやりがあり、そこが魅力だったといった話はその典型的な例だろう。

これもまた、最初に印象がマイナスだったからこそ、後の印象がよくなったといえるだろう。

■ありのままで接して徐々に好感度を上げる

ビジネス書の多くには、最初から相手に「好印象をもってもらうように努めなさい」と記述するものが多いが、必ずしもそれがベストとは限らない。

最初から好印象を与えようとし過ぎずに、ありのままの自分を見せながら接することも必要だ。そして徐々に好感度をあげていく。

たとえば、最初は「さえない部下だな」と思っても仕事をさせていくうちに、決断力があり実績も出す姿に、「なかなかできる奴だ」と好印象を持ってもらうことができる。

また、ビジネス話を展開するにも、わざと不利益な話からしておいて、提案の印象を下げておいて、上げる話をするのもいいかもしれない。もしくは、上司ウケしようと最初から全力でやるのではなく、じっくり取り組んで後半追い上げるように働く。すると、相手は「思ったより、悪くないじゃないか」と、話に前向きになる場合もあるだろう。

同じ論理で、ある出来事から状況がマイナスになったとしても、それを挽回して、大きなプラスにすることは十分に可能だ。

こんなことがあった。小さな菓子店でケーキと300円ほどのお菓子1個を買ったのだが、帰宅するとお菓子が入っていなかった。そのことを電話で告げた。

こういう時、たいがい店側は「今日は忙しいので、後日、お店に寄っていただければ返金します」あるいは、「商品を取りに来てください」となるものだ。

ところが、電話に出た中高年と思しき男性は「今からお届けに上がります」という。数分後、初老の男性がやってきて低姿勢で、「大変申し訳ありませんでした」と、商品を2個差し出した。対応の早さとともに、安い商品であっても、サービスを疎かにしない姿勢に驚いた。「お菓子を今日、食べられないのか」という、損をした気持ちになっていたが、もう1個の商品を手に入れて、得をしてしまった。

地元でこのケーキ屋が流行っている理由には、味がよいこともさることながら、まさにこうした点があったのかと思う。期待する以上の満足をサプライズの形で提供できるかは、その後の対応しだいということだろう。

【ワルの経済講座その11】

検索上位の「無料相談」に電話したらヤバいのか？

■ワルは「検索する人々」を罠にはめる

甘い蜜の周りには、蜂や蝶たちが群がる。詐欺や悪質商法を行う者らもまた、多くの人に蜜の香りを放ち、人を引き寄せようとする。

今、横行しているのが、「キーワード検索」を利用した手立てだ。

困りごとがあると、ネットで調べる人は多いことだろう。

アダルトサイトなど見たつもりもないのに、突然「登録料が○万円」「延滞金が○万円」との請求画面が出てきたり、未納金があるという文面がメールで送られてくる。そうした知らせには「法的な手段に出る」「身辺調査をする」といった脅し文句が書かれている。

こうした悪質な架空請求に遭ったときは「無視を貫く」のが効果的だが、中にはまんまと術中にはまって先方に電話をかけてしまう人もいる。また、何とか解決しなければと慌ててネット検索をする人は多い。ワルたちは、そこを狙って、罠をしかけるのだ。

「架空請求・相談」で検索をすると、画面には「消費者相談センター」など、公的機関を装ったような業者の広告もたくさん出てくる。詐欺被害を解決すると謳う業者を見ていくと、実態は探偵業者ということも多く、中には電話番号のみの記載のところもある。本来、返金などの交渉ごとは弁護士など資格を持った人しか行えず、もし、それ以外の人たちが行うと弁護士法違反となるケースがある。

■検索上位の「無料相談」に電話したらどうなるか？

私が監修したあるテレビ番組で、出演していたお笑い芸人さんに、検索の上位に挙がっていた無料相談を受けつけるサイトに電話をかけてもらったことがある。

芸人さんが「有料サイトの料金請求メールが来ている」と相談すると、電話の主は「それは、心配で大変でしょう」と丁寧な対応をしながら、次のように話した。

「当社では、特殊なコンピュータ技術を持っていて、架空請求のメールを来させないようにすることができる」

その解決金額を尋ねると、5万円ほどになるという。

「どうやって解決するのか」と芸人さんが聞くと、「当社では、トラブルの解決を何千件もしてきたノウハウがあるので、大丈夫だ」というばかりで、具体的なことは話さない。

そこで、私が電話に出ることにした。

「どのようにしてメールを来させないようにするのですか！」

「それは言えません」

「5万円払って、どうするのか、教えなさいよ」

しつこく尋ねても、男は「企業秘密です」「ある特殊な技術がある」を繰り返すばかり。

「何もしないで、お金だけを取るつもりだから、言えないのでしょう！」

5万円とは、時給1000円で10時間も働いた金額×5日分である。それをわけのわからないところに払えるはずもない。こんな詐欺行為はやめなさいという思いを込めて、「きちんとした説明をできないところは、信頼に足るところではありません。お金など払えるはずもないでしょう」と怒鳴るように言って、ガチャンと切った。

ワルたちはネット利用者たちが、トラブルをネットで調べて自己解決しようとするという行動パターンを熟知しており、キーワード検索で先のような業者のリンク先に、アクセスさせるように仕向けている。

実際に、全国の消費者センターには、ネット検索で出てきた相談窓口に電話をしてトラブルに遭う報告が寄せられており、増加傾向にある。相談の中には「消費者センター」に依頼したつもりが、相手が探偵業者だったというものや、調査しかしないのに、「契約すれば請求が止まる」「返金される」と誤解させてくるケース、また、キャンセルをしたら高額な解約手数料を請求されたというケースまである。

■悪質なソーシャルレンディング業者に見るワルの手口

ネット検索で出てきた広告や上位にあがる情報は、優良サイトの情報と思っているかもしれない。そこには、「たくさんの人が見ているから」という思いがあるからだろう。だが、検索の上に出てきた情報だから、絶対に安心というわけではない。

今、ネットでは、クラウドファンディングによる資金集めが盛んに行われている。その中に、ソーシャルレンディングという、融資型のクラウドファンディングがある。これは、お金を借りたい企業と個人投資家をネット上で仲介する金融サービスである。企業側は、銀行に頼らずに事業資金を集められ、投資家にとっても利回りは高く、ネット上からしかも少額から投資できるというウィンウィンな関係での取引形態だ。だが、ソーシャルレンディングを行うM社は、HP上で法人向けの不動産や中小企業支援への出資を謳ったローンファンドへの出資勧誘を謳いながら、実際の貸付先は親会社と自らのグループ企業に集中させていたという。つまり、虚偽の内容を記載して、投資家から資金を募っていたのである。同社は、こうした金融商品取引法の違反行為があったとして、関東財務局から1カ月間の業務停止命令の行政処分を受けた。

その後、M社からの投資家への払い戻しが滞るようになった。そして、償還されなかった総額は31億円ほどに上った。そしてついに、恐るべき事態が起こった。M社は、その債権を1億円ほどで債権回収会社に売却してしまったのだ。結果、投資家への払い戻しは、3％となった。それゆえ、この詐欺的な金集めの手法に、多くの投資家が憤り、民事裁判を起こし、刑事告訴の動きも出ている。

この会社に投資する際、M社のHPだけでなく、おそらく多くの人がネットで検索して、この会社情報や評判を調べたことだろう。しかしながら、マイナスになるような情報は何もでてこず、それどころかM社の社長インタビューをまじえた、投資を奨励するような記事やアフィリエイトサイトばかりが出てくるので、この会社は安心なところだと思い、投資したに違いない。しかし、実態はまったく違っていたのだ。

■ 入り口と出口の関係性

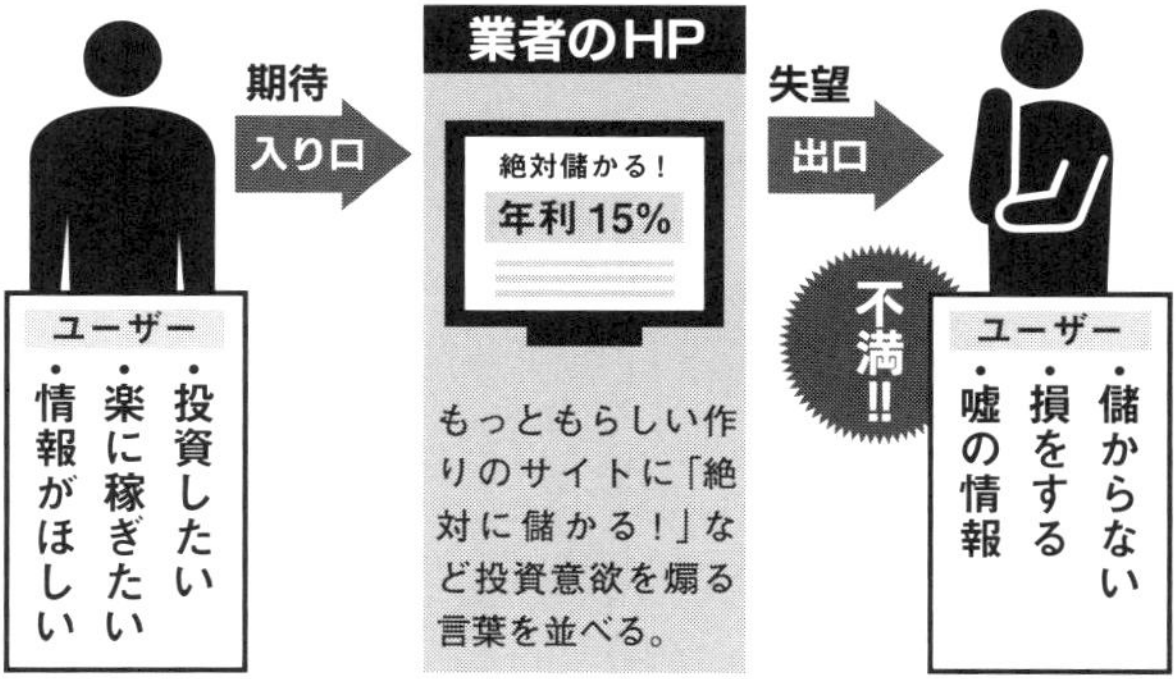

➡「入り口＞出口」の関係性だと不満を覚える

ここで考えさせられるのは、「入り口と出口の関係性」だ。

私は、しばしば詐欺と思しきサイトを訪れているが、得てして、この種の業者は、入り口に「簡単に、そして確実にもうかる」「激安販売」といった、人々を惹き付ける甘い文句を散りばめている。しかも、実際にサイトを覗いてみると、意外とページの作りはすばらしいのだ。

しかし、よく調べてみると、ある通信販売の詐欺サイトでは、どこかのサイトの情報内容を勝手にコピペしており、許可も得ないまま第三者に著作権のある写真や資料を貼り付けているだけのところもあった。当然ながら、もしこうしたサイトにお金を払ったとしても品は届くことはなく、儲け話に投資してもお金は増えることはない。出口には、ひどい結果が待っているのだ。

ワルの手口では、まず入り口（期待）と出口（満足）がイコールになっていない。それどころか、はっきり言って、マイナスである。本来、期待してサイトに入った以上の情報内容を訪問者に与えるべきだろう。そうでなければ、人は落胆し、騙されたと思うものだ。先の会社は、ソーシャルレンディングという新しい金融の仕組みを利用して、サイトの入り口に高い利回りを謳い、出口には金を返さないという地獄の結末をもたらしている。入り口と出口がイコールになるように努めていないゆえ、投資家たちの怒りを買うのは、当然である。

■いいビジネスパーソンは「いいね」の数が多い

それでは一般のビジネスにおける出口とは何であろうか。

それは、アフターケアに他ならない。

以前、ある結婚相談所に入会したことがある。その時、相談所の担当者は「必ず、将来の伴侶を私が責任をもってお世話します」と言い切った。

その言葉を信じて高い金額の入会金を払ったが、その担当者からの連絡はその後一切なし。勝手に自分自身でネットにて伴侶を見つけろ、という対応であった。それを理由に、中途退会を申し出た。入会させてお金をとってしまえばよい。そんな考えでは、「悪質・悪徳」と思われても仕方がないことだろう。

つまり、ビジネスにおいては、入り口における顧客の期待度と、出口における顧客の幸せ度をイコールにする、いやそれ以上にすることが大切だ。数式で表せば、「入り口≦出口」ということになる。

一般のビジネスにおける「顧客の満足度」は、ネットで言えば、「サイト利用者からの共感」ということになるかもしれない。フェイスブックの「いいね！」ボタンに見られるように、「なるほど」という納得や「へえ、そうだったのか」という驚きによる共感が得られているかが、大事になる。

それなのに、ただ多くの人にアクセスさせて、金ばかりを出させることばかりを考えて、そこを出た時に共感が得られないものになっているのでは、トラブルになるのも必然だ。

検索サイトを利用した誘導商法は今後も増えていくに違いない。利用者の側も契約しようとするサイトの文言が、あまりにも人目を引くように輝き過ぎていた場合、怪しんでネット以外の方法で調べてみる必要がある。入り口と出口との関係性をしっかり見極めながら、サイトを利用するようにしたいものだ。

【ワルの経済講座その12】

客を三球三振にするワルの「話の段取り」術とは?

■なぜ900人がワルに平均127万円も出したのか?

高齢者宅には、様々な勧誘電話や訪問業者がやってくる。

それを追い返すのはひと苦労で、商品を買えば相手の話が終わると思い、契約してしまう人は多い。しかしながら、その場しのぎの対応では、「あの家は、しつこく勧誘すれば、商品を買ってくれる」というレッテルが貼られてしまい、新たな勧誘を招くことになる。いいカモだという情報はすぐに悪質な業者間で共有されてしまい、どんどん深みにはまっていくのだ。

ワルたちはしつこく押し売りして「契約するしかない」と思わせて、相手の根負けを狙ってくる手立てだけではなく、相手を頷かせるための様々な技をもっている。

高齢者に高額な値段で布団などを販売していたとして、詐欺容疑で逮捕された悪質業者は、まず過去に訪問販売で布団などを購入したリストをもとに電話をかけたり、訪問するなどして、次のように尋ねていた。

「以前に、こちらのお宅を訪問した会社から、お布団を買いましたよね」

家人が「ええ」と答えると、「実は、それはセット販売の契約になっていましてね」と嘘をつくのだ。契約書をしっかりと見ずに購入してしまったゆえに、高齢者は「そうだったかもしれない」と思い、ワルたちの話に耳を傾けてしまうことになる。

業者は、「契約書に書いてあるから、すぐに購入しなさい」と、ダイレクトには話を展開しない。相手を安心させるような言葉で、ひと手間を加えてお金を払わせようとする。

「私たちの商品を買えば、これから先の訪問販売をやめさせることができます」

これまで散々、悪質業者の勧誘に苦労してきている高齢者は、この言葉を聞いて商品購入の話など二の次になってしまう。まんまとこの言葉にはまってしまうと、「勧誘を止めたい」思いが優先してしまい、ものの値段など気にすることなく契約してしまう。

実際、この業者はこの手口で、被害者９００人ほどから、11億５０００万円を超える金額を騙しとっていたという。１人平均１２７万円の被害額となる。

「これで勧誘がなくなります」は、高齢者の心に刺さった棘をとってくれる効き目のある言葉である。しかしながら、勧誘被害にさほど遭っていない人がこの言葉を聞いたとしても、さほど効果のある言葉とはならないであろう。同じ言葉でも、どういう相手に、どのようなタイミングで投げかけるかで受け止め方が違ってくる。

■適切な「話のリリースポイント」で金が転がり込む

ここでは、リリースポイントという考えが大事になってくる。

野球では、ピッチャーが威力のあるスピードボールを投げるためには、リリースポイントが大事だといわれる。リリースとは、「放す」という意味で、ピッチャーがどの瞬間に手から球を離すかで、ボールの速さやコントロールが決まってくる。このリリースポイントを間違ってしまっては、どんなに力のある投手でも、打者から空振りをとるようなすばらしい球を投げることはできない。

先の悪質業者はどうか。

勧誘に困っている状況を知ったうえで、「あなたの商品を購入した情報が漏れていて、これから先も続々、悪質業者がやってくる」と不安を煽る言葉を投げかける。そして「私たちの商

■ 野球のリリースポイント

品を買えば、業者の勧誘を止められます」「あなたを悪質業者から守れます」というのだ。

この「止められます」「守れます」トークを、最初の段階で言ったとしても大して心に響く言葉にはならないだろう。だが、きっちり不安を煽るステップを踏んでから言葉を投げかけるので、相手の心にズドーンと突き刺さることになる。

ビジネスにおいても同じであろう。その時の相手の状況や話をする順番など、会話におけるリリースポイントを考えながら、言葉を投げかけることが大事だ。

これまで私は勧誘現場で、業者から様々なクロージング（営業活動などにおいて顧客と契約を締結すること）を受けてきたが、業者は契約させようとするために決まって「あなたを絶対に満足させる自信があります」などと言ってくる。

彼らの決め台詞を聞きながら思うことがある。それは、私は潜入取材の意識をもっているので判を押さないが、もし自分が一般客で商品への必要性を多少でも感じていれば、サイ

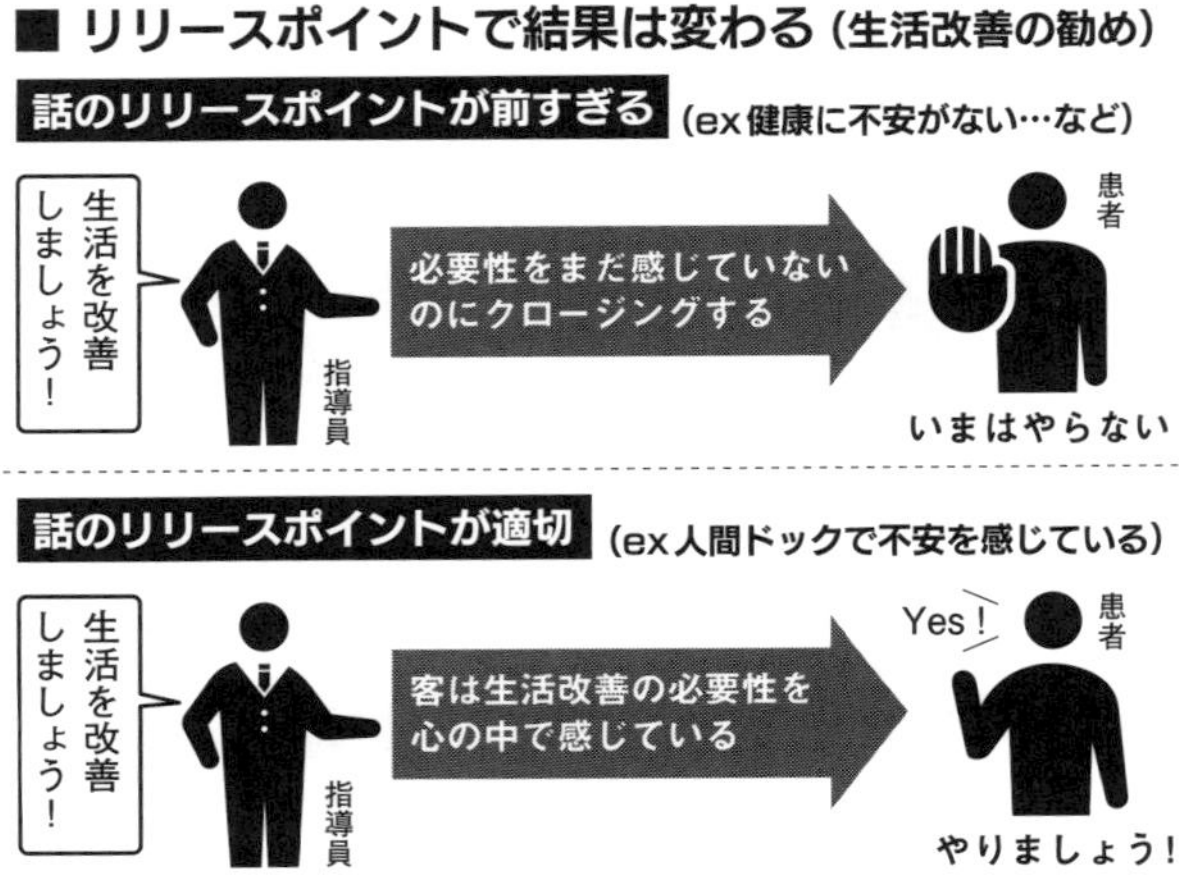

必要性をまだ感じていないのにクロージングする

いまはやらない

（ex人間ドックで不安を感じている）
生活を改善しましょう！

■ リリースポイントで結果は変わる（生活改善の勧め）
（ex健康に不安がない…など）
生活を改善しましょう！

客は生活改善の必要性を心の中で感じている

やりましょう！

ンをしてしまう可能性があるということだ。

■人間ドックの保健指導員は三球三振に仕留めた

適切な〝言葉のリリースポイント〟はあらゆる場面に活用できる。

以前、人間ドックを受けた後に保健指導員から健康アドバイスをされたことがある。

「エコー検査では、あなたは脂肪肝の状態です。しかも、ＧＴＰなどの値も高い。メタボリックシンドロームですね」

確かに、数値が以前にもまして高くなっている。

「肝臓は沈黙の臓器といわれていて、今は何の症状もなくても、このまま数値が悪化すれば、今後、大きな病気になる可能性もあります。そうならないためにも、お腹周りの脂肪を減らした方がよいですね」

実は人間ドックをうけたのはこの時が初めてで、「このまま肝臓に脂肪がつき続けると、肝硬変、肝臓がんのリスクが高まる」と言われて、健康不安が一気に増幅した。

すると、それまではほとんど耳に入ってこなかった保健指導員のステレオタイプな健康管理の注意喚起の言葉が、ズバズバと心に突き刺さるようになったのだ。

「まずは、夜のおやつなど、甘いものを控えてください」

「ジムに通うなどの運動を定期的にしてください」

「食後には、軽く運動すると効果的です」

動揺している私は「はい」「はい」「はい」と頷くしかなかった。もはや、三球三振の状態であった。それも見送り三振。ど真ん中の球を呆然と見送っただけだった。

私はそれ以来、ジムに通い、お菓子を食べる量を減らすようになった。おかげで今は、体重、腹回りの値は減り、肝臓値も通常範囲内になってきた。

言葉を投げるリリースポイント（タイミング）を熟慮すれば、人の心に潜り込み、心を操ることも可能となる。考えてみれば、デキるビジネスパーソンはそうした話の手順・プロセスに神経を使い、結果的にお金を呼び込むことに成功しているのだ。

【ワルの経済講座その13】

「30万払え」アダルトサイト架空請求撃退 実況中継

■「利用履歴が残っている、金を払え！」

あるテレビのスタッフのもとに架空請求のメールが届いた。

スタッフから、そのメールに書いてある電話番号に連絡をしているシーンを撮影したいと言われた。業者の実態を暴くことには慣れている。快諾して、私はその番号に電話をかけてみた。

業者の男は「あなたには、動画サイトの運営会社に対しての未納料金が発生している」と言ってきた。私が「そんなアダルトサイトは見た覚えがない」と言っても、利用履歴が残っているので、払わなければならないというのだ。

アダルトサイトを見たといって、架空の請求をされて被害に遭うケースは相変わらず多い。最近は女性が気軽にHなサイトを覗こうとしてトラブルに巻き込まれることも少なくない。

架空請求以外にも、スマートフォンなどで芸能人のゴシップネタなどの動画サイトを見ようとクリックすると、いきなりアダルトサイトへつながり、利用料金として数十万円を払えといった表示が出る仕掛けのものもある。

しかも、請求画面のどこを押しても表示は消えず、時間のカウントダウンまで始まっている。それを見て慌てた人は、サイトに書いてある電話番号にかけてしまい、お金を払うように要求される。

私は「この手口は詐欺」とわかっているが、あえて男の話に乗ってみた。よくよく相手の話を聞くと、今、話しているのは、料金未納が発生しているという直接の運営会社ではなく、運営会社から依頼を受けて料金請求をしているサポートセンターだという。そして次のような提案をする。

「本来、30万円の利用料金になりますが、今日中に払う約束をすれば、交渉して15万円にできます」

あくまでもサポートセンターは、サイトの未納料金が発生する運営会社とは別物の業者なので、仲介役として交渉することで、15万円に減額できるというのだ。

■「クーリング・オフで返金も可能ですから」

私がお金を払うことに躊躇する素振りをみせると、親切にも今度は8日以内で無条件解約ができる「クーリング・オフがある」と言うではないか。

「もし15万円を払っても、サポートセンターの方でクーリング・オフの手続きができるので、現金書留による返金が可能です」

つまり実質、私の金額負担はないというのだ。

しかし、この言葉は嘘である。というのも、法律上この種のネットの通信販売には、返品の可・不可の記載をする必要があるが、クーリング・オフの適用はないからだ（特定商取引法上のクーリング・オフ規定がない）。

無論、こんな請求に応じるつもりなどないゆえに、後半部では強気に出た。

「運営サイト先と交渉するから、未納になっている会社の連絡先を教えなさい」

私の毅然とした口調にお金を取るのは無理だと思ったのであろう。業者は電話を切ろうとしてきた。そこで「架空請求の手口だろう！　やめなさい。あなた、こんな架空請求を続けていたら、逮捕されるよ」と強い口調でまくしたてると、電話が切られた。

■ 第三者の目線で責めるワルたち

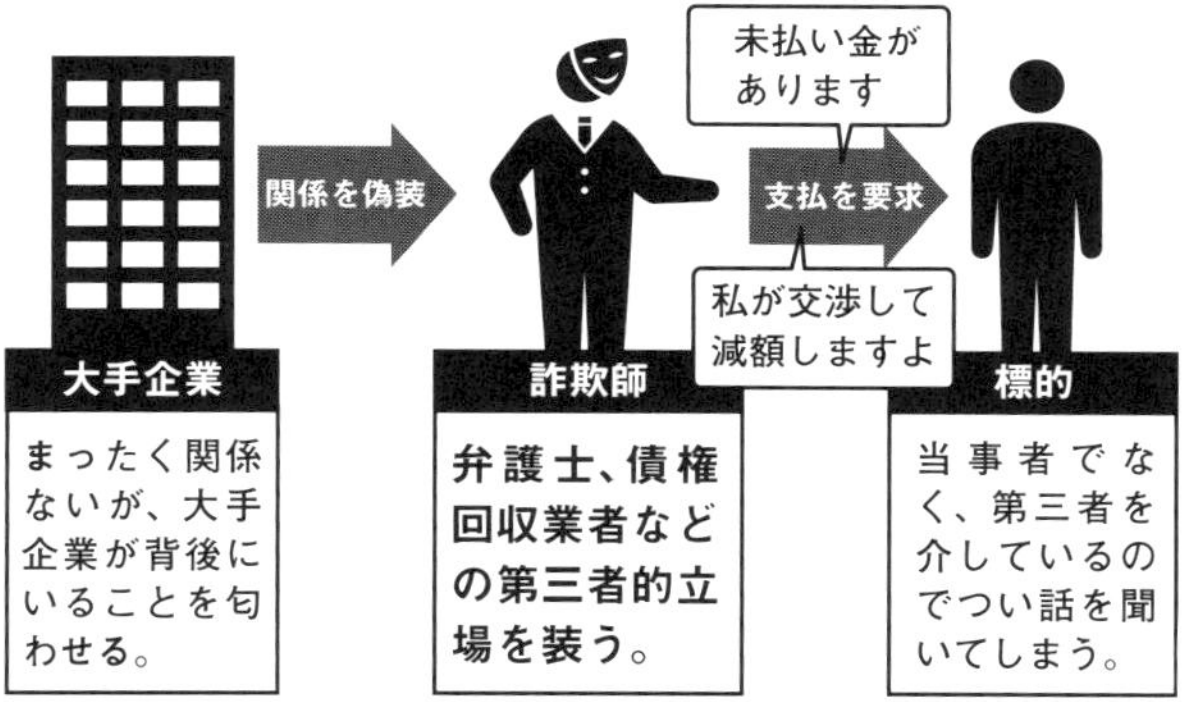

➡第三者の立場で責めると話を聞かせやすい

最近は、「クーリング・オフ」などというもっともらしい用語を持ち出し、「お金を戻します」という嘘をついて、払わせようとしてくるのだ。

ついでながら話すと、この男性の後ろでは、女性の話す声も聞こえていた。この瞬間も、詐欺にひっかかっている人がおり、こうした架空請求を行う者には、女性詐欺師も存在することを忘れてはならない。

■客は自分ではなく「第三者」の意見に耳を傾ける

詐欺業者はあくまでも「仲介役のサポートセンター」という第三者としてのスタンスを貫いて騙そうとしてきたわけだが、この第三者目線での話を展開すること自体はビジネスの交渉事などにおいては有効だろう。

人は不思議と当事者が話すよりも、第三者を介して話す内容の方に重きを置く傾向がある。

私が講演をする際にも、長々と自分で「過去に『ついていったらこうなった』という本を出しまして、それがテレビ番組になりまして……」など、自己紹介をしても、聞いている人は「はあ」という感じになる。

ところが、司会者や主催者のあいさつで市長などが「みなさん、多田さんは「過去に『ついていったらこうなった』という本を出しまして、それがテレビ番組にもなったそうです」というと、聴衆は「へえ、そうなんだ」という表情で話を聞いている。

その昔、ある編集部内で「あの男は宝くじが当たったらしい」という噂をわざと流す企画があった。すると部内に一気に噂が広まった。噂を流された記者本人が「当たっていない」と言っても、誰も信じない。みんな噂の方に重きをおいてしまったのである。これは口コミ戦略などで使われる手でもある。

また、広告やパンフレット、HPに業者の商品やサービスを利用した人たちの「声」を掲載して、自社の良さをアピールする手法もよくみられる。健康食品の紹介でも、それを毎日摂取することで、体調がすこぶるよくなったなどのCMが本人の体験談としてよく流されている。

いずれも業者自身が直接、伝えるよりも、第三者を介して伝えられた情報に、消費者がウェイトを置くという効果を狙ったものであろう。

営業などでも第三者目線を使って話すことは有効だ。

顧客などに自分の話をなかなか受け入れてもらえなさそうな空気の時は、自分の力だけで打開しようとするのではなく、他人の力を借りる。

たとえば、説得の活路を開くために、技術関連に詳しい人を帯同して専門的な説明をしてもらう。あるいは、その筋のプロが語る意見や話を引用し、時に資料を見せながら説明することでも同じ効果を得られるに違いない。

ビジネスにおいては、いかに他人（第三者）目線を巻き込んでいけるかが、説得のカギとなる。

よく詐欺事件などが起きると、私はしばしばその事件についてのコメントを求められるが、これもニュースを発信するメディア側にとっては、当事者からの話だけでなく、専門家としての第三者の意見を組み込むことで、記事やニュースに説得力が生まれるからに他ならない。

当事者が語る言葉よりも、第三者から伝えられる情報の方に、人は強い影響を受けてしまう。

これを利用した手立ては様々な場面で使われているのだ。

【ワルの経済講座その14】

なぜ大阪の企業は「葉山ゆい」に簡単にやられたのか？

■なぜ企業は「葉山ゆい」に騙されたのか？

今や、詐欺は高齢者を中心にした個人だけでなく、企業をも狙い始めた。これまで個人に対して行っていた手法を、企業向けにベクトルを変えて、応用してきているのだ。

師走の忙しい時期に発生した「葉山ゆい詐欺」をご存知だろうか。

実在する会社（商社や食品会社、ゲーム会社など）を騙り、1月某日に某ホテルの会場で開催する予定の新年交流パーティーへ招待する案内状（封書）を取引先の会社に送りつける。

文面によれば、新年会の実行委員長は、女性社員である「葉山ゆい」。大役を任された「葉山ゆい」が、パーティーでビンゴ大会を開きたいという。そこで「ビンゴ景品への協賛金をお願いします」というのだ。その金額は任意だが、「可能であれば、3万円」との記載もある。取引先の会社ゆえに、むげに断れずに、お金を払ってしまった被害が続出した（大阪府などの4社が計18万円の被害を受けた。数十社が警察に相談し、被害を免れた）。

この手口には、現代詐欺における特徴がいくつかみられる。

1つ目は、支払い方法が電子マネーであるギフト券（発覚した事件では、ネット通販・アマゾンの電子マネーであるギフト券だった）になっている点だ。

購入者（騙された企業）が、相手（葉山ゆい側）の指定するフリーメールアドレス宛にギフト券（利用権）のコード番号を送れば、葉山側はその分の金額を手にできる仕組みだ。直接現金を送るわけではない分、警戒感が薄くなり番号を教えやすくなってしまう。

2つ目は、詐欺の発覚を防ぐ手立てがちりばめられていることだ。

この新年会詐欺では、「社長のサプライズ誕生記念パーティーも行う」との記載がある。サプライズなので、社長の耳に入らないように内緒でこっそりと協賛してほしいというのだ。それゆえに、相手の会社にこの件について確認しづらくなる。また、新年会は年末年始の休みを挟んだ1月の開催であるので、12月までに送っておけばウソがばれるまでに数週間の猶予がある。その間にワルたちは、多くのお金の番号を知ることができ、行方をくらます時間も得られるというわけだ。

3つ目は、なんといっても、かわいらしい女性社員の写真を随所に載せて、相手を引き付けている点である。

これは、架空の女性の写真を載せて、閲覧者を誘引する悪質出会い系サイトの手口でもよくみられる手法だ。キュートさを演出する手口は随所にみられ、「ご来場お待ちしています」というかわいらしい文字で、動物のポストイットが貼られていたり、文書には☆マークも使われていたりする。会社間のやりとりをあえて軽薄な体裁にし、女性らしい演出をすることで相手の心を引き付けようとしている。

■文章にわざと「雑味」を混ぜると人を騙せる

ワルたちの発想はおそらく次のようなものと考えられる。

ある企業の取引先の名簿情報が手に入った。年末で企業もバタバタしている。新年会をもとに何か詐欺ができないかと考える。これまでに個人の消費者をターゲットにした電子マネーの詐欺には成功している。それをビジネスに転用できないか。異なる手法を組み合わせて、今回の手口が生み出されたのではないか。

■「雑味」を混ぜると人を騙せる

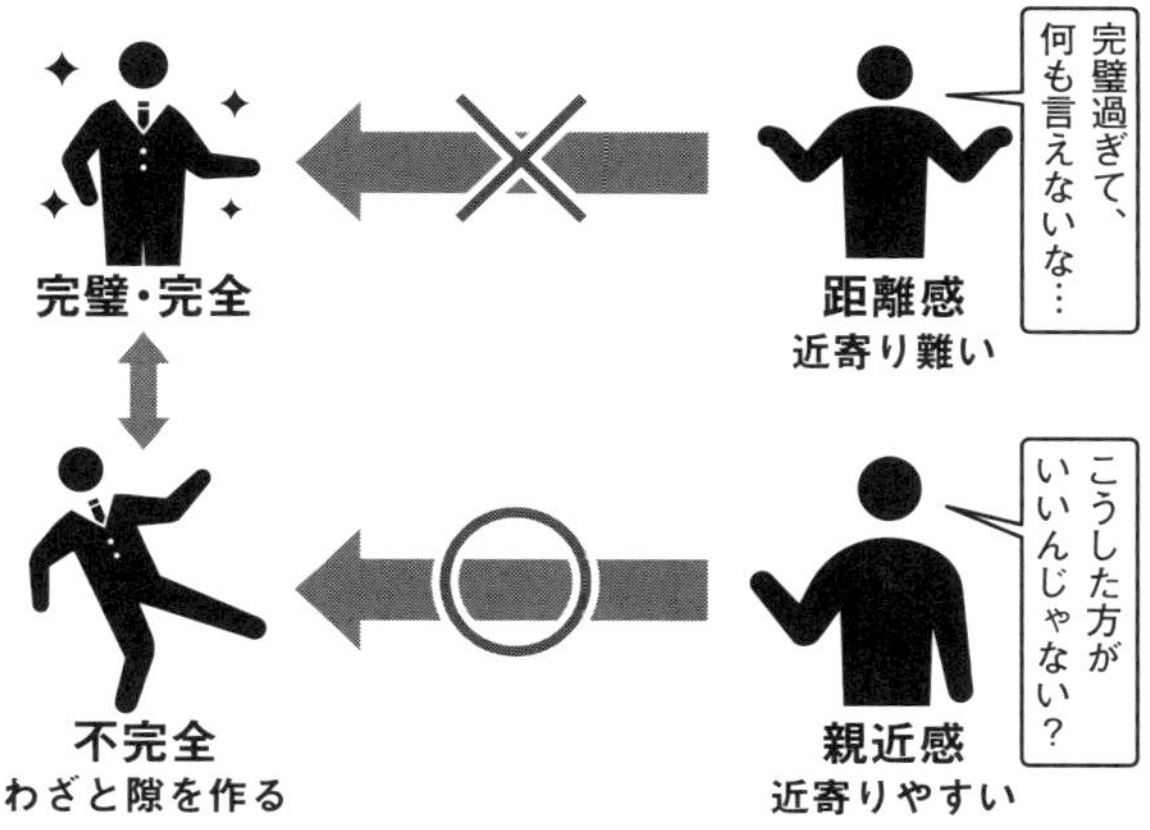

これは、料理にも似ている。企業名簿を素材とすれば、それにどんな味付けをすればよいか、詐欺の手口をいろいろと加えてみながら新たな詐欺の一品を仕上げたといってよい。

「具材と味付け」の工夫は、まっとうなビジネスでもいえることだろう。

私たちのもとには日々さまざまな情報がやってくる。しかし情報はそのままだとほとんど何の価値もないものだが、そこに自分たちの持つノウハウを加えてみる。時には刻んでみて、時にはジューサーの中に入れてかき混ぜてみる。それにより、新たな形のアプローチ方法が生み出されるなど利用価値が生まれてくることだろう。

〝料理〟のポイントは、いかに相手に「美味い！」と感じさせられるかにある。味には甘み、苦み、酸っぱさ、塩味があるが、もっとも大事になってくるのは、〝うま味〟の成分である。

今回の詐欺文書でいえば、3万円ほどのカンパをすれば、社長とのパイプができて、相手の会社から恩義を感じてもらえる。とすれば、今後、取引先との仕事が増えるかもしれないという〝うま味〟がある。それゆえに、応じてしまいがちになる。

ビジネスでも、いかに〝うま味〟を相手に感じさせるかによって、実績は変わってくる。そこで、営業先や社内で、うま味を出すような話の内容になっているかを考えてみる。キーポイントになるのが、雑味成分だ。

■わざとボケて、相手に突っ込ませて懐に飛び込む

雑味とは、本来、料理の味を損なってしまう不純物である。だが、これを全部取りきってしまうと、うま味成分もなくなってしまう。たとえば、鍋などで出る灰汁は、雑味成分である。しかしそれをすべて取ってしまうと、本来のうま味成分も取り去ってしまうことになり、味は落ちる。それゆえ雑味部分を完全に取りきるよりも、微妙に残しておいた方が、料理がおいしくなるというわけだ。

その点、詐欺文書には、雑味成分がところどころに含まれている。

本来のビジネス文書には、ありえない、かわいいポストイットを貼ってあったり、新入女性社員の初めての企画ゆえのつたない文面になっていたりする。だが、それを見ても不快さを感じない。それどころか、「自分にもこうしたように初めてプロジェクトを任されたことがあったな」と、思い出にひたる人もいたのではないだろうか。手紙の文面が十分な校正をなされていないところも、むしろ初々しさ感を醸し出している。

雑な部分が見え隠れしているゆえに、微笑ましい作りになっているのだ。そこへ、かわいらしい女性社員に「カンパをお願いします」「社長に内緒で」といわれると、「おお、そうか」となってしまう人も現れることになる。

仕事においても、あえて完璧にし過ぎないことが大事な場合もある。特に、相手が年上ならば、少々の隙を作り、「君、こうしたほうがよいよ」と、つっこまれる部分を意図的に残す戦略はありだろう。その指摘に「ありがとうございます！」と即座に返せば、かわいい奴だな、との印象を持ってくれる可能性もある。もちろん、こいつアホかとの評価を下されるリスクもあるが、得てして、相手の懐に飛び込むのがうまい人にはこうした雑味な部分（人間味）を持つ人が多いものだ。

【ワルの経済講座その15】

深みにはまると悩みが増す、なぜ人は〝教義〟に心酔するのか？

■宗教は有名人を狙っている

有名タレントが宗教の教義に心酔してしまい、すべての仕事を投げ捨てて、布教活動などに専念してしまう。これは時折、見られる光景だ。

私も番組収録や撮影現場などで様々なタレントさんと接する機会があるが、浮き沈みの激しい業界ゆえに、占いやスピリチュアルな世界にはまっている人を見かけることがある。当然、布教する側は有名人に入信してもらえれば、その人を広告塔にしての布教活動もしやすくなるので、彼らは常に狙われているといってよいだろう。

私はこれまで様々な思想に触れた経験があるのでわかるが、宗教の教義において「死」というものは日常的に取り扱われている事柄である。普段、私たちが生活するうえで、悩みがあっても「死」ということまで極端に考えるまでは至らないことも多い。

しかし日頃、何かに悩み、入信している人たちにとって、「死」「あの世」「来世」という言葉は、極めて身近にあるものなのだ。それゆえ教義に深く心酔すればするほど、思いつめる傾向のある人にとって悩みはより深刻なものになっていく。

■「教義」に心酔するほど悩みが深まる場合もある

私が、ある教団内で目にした光景である。

ある男性はかなり真面目な人であった。教義にのめりこむあまり、その教えすべてを受け入れていくようになった。

たとえば、「私たちの目の前に起きることには、すべて意味がある。神が何かを私たちに伝えようとしているので、それを悟りなさい」という言葉。これをその男性は死守しようとする。

男性が、信号を渡ろうとしたら、青が点滅し始めた。それが2度も続いた。男性は、「神は何を言いたいのだろうか」と考えた。「信号を走って渡るべきか、それとも止まるべきなのか」

そこからさらに思いは発展する。「もしかして、自分自身の信仰の信号が赤に向かって点滅しているることなのか。信仰を見つめ直せということか」

この調子で、身の回りに起こるあらゆる出来事が気になるようになった。駅で人とぶつかった。

「何か、意味があるのか。日ごろの信仰に問題があるから、人とぶつかったのか。神は何が言いたいのだ」

それを教団の上司に聞くも、「祈って悟りなさい」と言われるばかり。ますますわからない。彼はどんどん精神的に不安定になっていった。教えでは、神の意に反した行動をすれば、事故に遭う、病気になる、地獄にいくとも言われている。彼はある時、心境を吐露した。

「もう怖くて、道も歩けない」

このように、必ずしも教義自体がその人の心を救うとは限らない。かえってその人の悩みを深くしてしまうことだって、十分にありえるのだ。

ここで大事なのは、与えられた決め事との付き合い方だ。

■〝掟〟に従わないほうがいいときもある

■「掟」が強すぎると「規束」になる

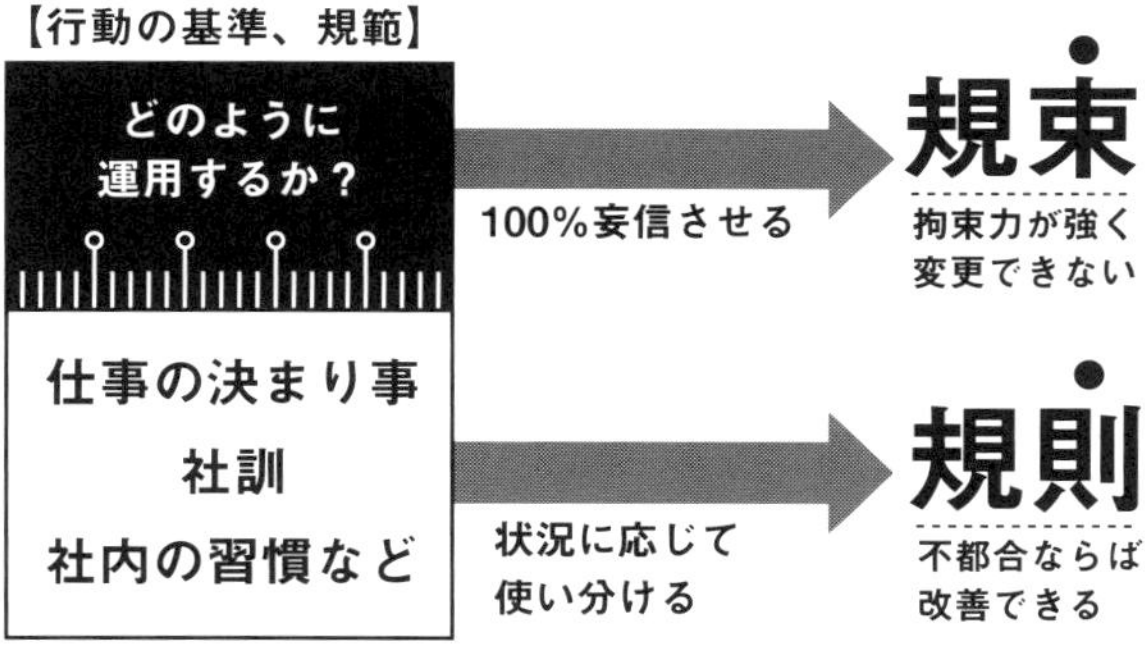

➡決まり事には功罪ある。適切な運用を！

世の中には多くのルールがある。

会社における「報告・連絡・相談を怠るな」「常に感謝の心を忘れるな」「全身全霊で仕事にあたれ」といった社訓もそのひとつだろう。組織として活動をしていくうえで何かしらのルールを決めて、共通の認識を持つことは必要である。

ところが、日々の仕事をしていくうちに、ポリシーや社内ルールと相反するような事柄が出てくる。それでも、決め事通りに、行動しなければならないのかどうか。

電通に入社して1年目の女性社員が、過労により自殺する事件が起きたのは記憶に新しい。この件に関して、電通の社員心得「鬼十則」が、長時間の労働を助長しかねないと、遺族らが問題視しているというニュースも流れた（その後、同社は「鬼十則」を社員手帳から削除すると発表）。

その心得には、「取り組んだら放すな、殺されても放すな、目的完遂までは」といったものもあるが、もしかすると新人社員である彼女自身は、額面通りこの言葉を受け取って行動しようとしたのかもしれない（もちろん、上司や会社側に最大の問題があったことは言うまでもないが）。

こうした社訓は、多くの企業に様々にあることだろう。だが、これを１００％受け入れて、四六時中働いていては、心は疲れるばかりだ。それに理想通りに物事が運ばないことも多い。

その時、ルールといかに折り合いをつけて、行動するかが大事になる。あくまでも社訓というものは、働く上での物差しの役割でしかない。物差し自体を絶対視してしまうと、プラスの面よりも、マイナス面が出てきてしまうことになる。

特に社会経験の少ない若い人たちは、その辺りの匙加減がわからず、言葉を額面通り受けとってしまいがちになる。その物差しの使い方を、上司や先輩社員が、適宜、教える必要があるだろう。

規「則」が規「束」になっていないか。

そこを注意してあげることだ。それができないと、重大な問題が生じることになりかねない。先の電通の事件などは、まさにその典型例であるのかもしれない。

毎年、たくさんの新入社員がビジネスの舞台にデビューする。

おそらく、学生時代とは違う、新しい社会のルールのなかで、多くの若者が悩むに違いない。

その時、「自分の頭で考えろ！」と、厳しく接することも必要だが、時に社会人の先輩として、ルールのマイナス面が作用しないように、物差しの使い方を適切に指導することが求められる。

決まり事には、功罪があるもの。

部下を育てるのがうまい会社と、そうでないところの差は、案外、そうした点がわかって指導を行っているか否かというところにあるといってもよいだろう。

【ワルの経済講座その16】

巨額の金を生み出す、振り込め詐欺「強者の戦略」とは？

■掲示板に書き込まれたワルからの誘い

詐欺の被害は一向に減らない。

その理由は、なんといっても、詐欺行為に加担する者が後を絶たないためである。

実際、ネットの掲示板には、様々な高額収入を謳う求人募集が載っている。

テレビ番組にて、私も同席・監修しながら、芸人さんに闇バイトの存在の実情をロケしてもらった。

掲示板に「海外での仕事になります。月に最低保証付きで最大３００は稼いでいます、現在

■ キャッシュカード詐取詐欺の手口

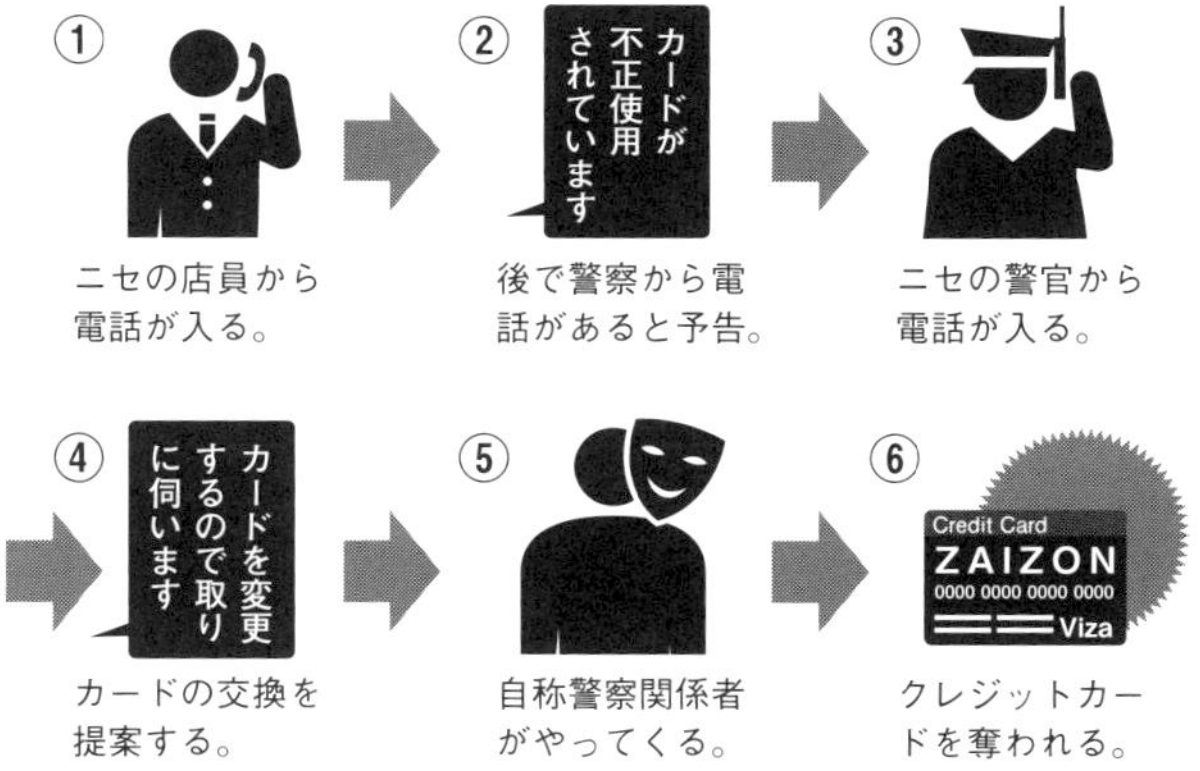

女性1人と、男性2人が頑張っています。費用は掛かりません。日払い30万以上！　月収300万円以上可能！　お金に困っている方は気軽に問い合わせてください」とある。メールで問い合わせをすると、芸人さんの携帯に非通知で電話がかかってきた。

どんな仕事なのかを尋ねると、最初は、「電話での勧誘です」と曖昧に答える。さらに「何の勧誘ですか?」と突っ込んで聞くと、男は「それは、クレジットやキャッシュカードになりますね」と答える。すると、男は開き直ったように、「これははっきり言って、詐欺です。詐欺」と言い出す。「年配の人から、キャッシュカードを騙しとって、それを引き出す仕事ですよ」さらに「まず大手デパートの人間として、電話をしてもらう」ともいう。

これはこのところ被害の多い手口である。

まずデパートの店員になりすました人物が「あなたのカードが不正使用されて、ブランド品が購入されている」とウソの電話をかける。慌てている高齢者に「不正使用されているので、警察に相談します」と言い、その後に警察から電話がかかる。そして「あなたの個人情報が洩れて、詐欺犯らにカードが不正使用されているので、すぐにカードを取り換えるように」と指示し、家を訪ねて来た人物にカードを渡させてしまうという手口だ。今回は、その電話をかける役の仕事だったのだ。

■電話の発信場所が海外ということも…

芸人さんがあえて、相手の手の内に乗り、「すぐに、仕事はできるものか?」と尋ねると、「これは慣れだ。1日2日電話をすれば、慣れてくる」と答える。男の話では、キャッシュカードを騙し取るマニュアルを読んで、10時〜17時まで、名簿を見ながら電話をかける。「騙せる人に会えない時は、何百人にも電話をかける」という。

さらに、電話をかける場所を尋ねると「中国です。延吉《えんきつ》といって、北の方ですね。隣が北朝鮮です」今、男が電話をかけているのも、中国だというのだ。男は「日本はダメだね、捕まってしまうから。中国から電話をかけている分には、証拠が残らないから」と話を続ける。中国から携帯電話をかけても、いろんな国の基地局を経由して日本に電話がつながるようになっているので、発信地を特定されにくくなるという。

「日本はダメだ」

男がそういった理由には、２０１６年12月に施行された通信傍受法の改正がある。これまで電話の会話やメールが傍受できるものは、薬物や銃器などの犯罪に関するものに限られていたが、その対象が広がり、組織的犯罪の振り込め詐欺にも適用されるようになった。これにより、詐欺事件が摘発された事例もある。それゆえ、日本の捜査が及ばない国外での詐欺行為が増え始めている。

さらに、報酬の受け取り方について次のように話す。

「月に70万～１００万円を稼げる。銀行振り込みでもいいけど、足がつく可能性があるので、円ではなく、中国の元でお金を受け取る人が多いよ」

徹底した、足が着かない詐欺対策を施していることが伺える。詐欺の電話をする期間については「ビザがある人は3か月（中国に）いるけれども、ない人は2週間いて、週末に韓国に抜けて、1泊し、また中国に戻ってきて、2週間いる。それで、1ヶ月いる人もいるよ」これまで、10人ほどが現地に来ているとも答えていた。電話の男も、半年前に掲示板を見て、中国にきている。「ここにいる中国人のボスは気が短いからね」などという補足情報も話しており、日中が組んで詐欺を行っていることが見えてくる。

詐欺の電話をかける輩は、国内だけでなく、海外にいるということもある。

17年には、中国から、日本へ振り込め詐欺の電話をかけていたと思われる日本人が30人以上、中国国内で逮捕された。それより前にも、中国で裁判にかけられた振り込め詐欺メンバーもいたが、電話を掛ける役は海外にいて、そこから詐欺の電話をかけることも多い。そして、金を騙し取れそうになった段階で、日本国内にいる詐欺グループに連絡を取り、金の受け取り方法の指示をするのだ。

こうした中国から電話をかけて詐欺を行える相手を特定したら、国内にいる別な詐欺グループに連絡をしてキャッシュカードを搾取するように指示するという手口は、このグループだけでなく他のところでも同様に行っている。組織として厳格な繋がりはないが、大きなくくりで見れば巨大な振り込め詐欺の組織が多数存在するといってよいだろう。

振り込め詐欺団と「強者の戦略」

ここから見えてくるのは、ランチェスターの法則における「強者の戦略」だ。この戦略では、

■ 強者の戦略と弱者の戦略

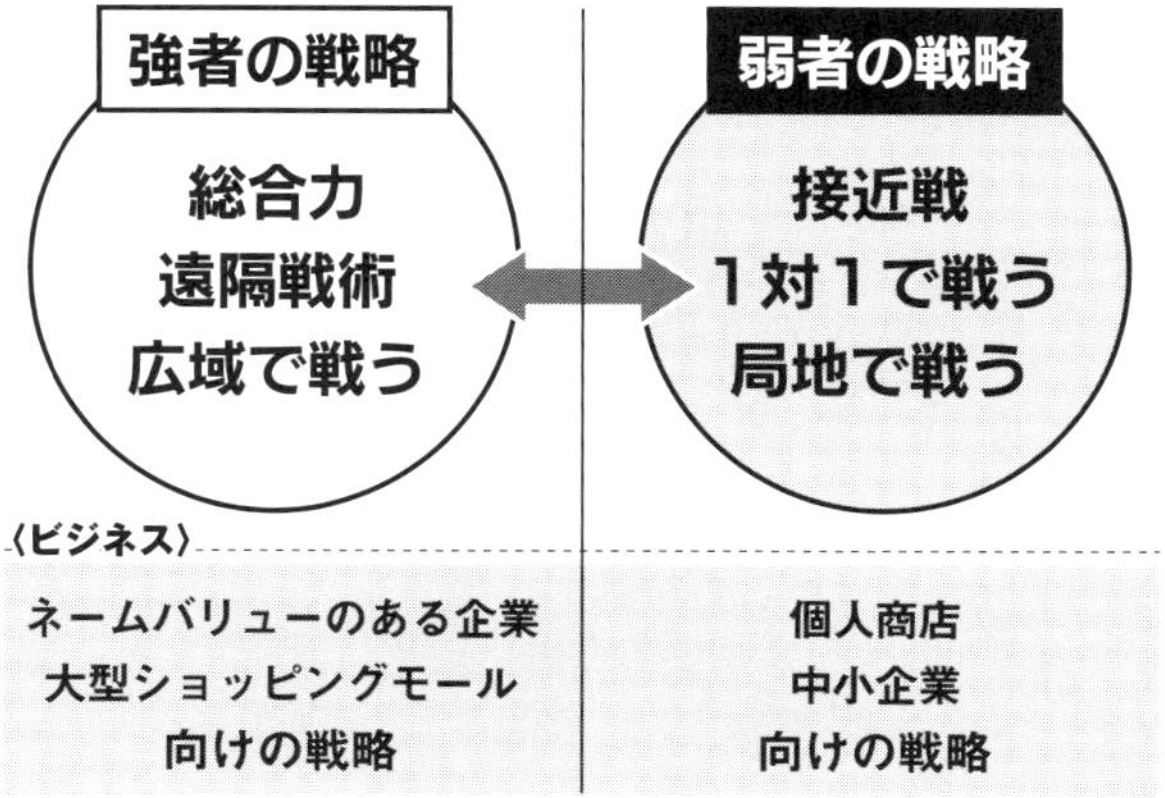

広域に総合力で戦い、遠隔での戦術を用いる。たとえば、郊外にあるアウトレット店や大型ストアなどの大規模商業施設では、あらゆる商品を揃えて、客に「あの店に行けば、間違いなく自分の望むものが手に入る」と思わせて、多くの人を集客する。しかも、郊外ゆえに巨大な駐車場を確保しやすく、遠方からでも人を呼び込める。ゆえに、チラシを広域に撒き、電車内に広告を打つ。こうした店舗を全国に配置しているので、新聞広告やテレビCMを打つのも効果的である。

この戦略は振り込め詐欺組織においても、同じことが言える。キャッシュカードを騙し取るための電話は、全国の日本人に対して行っており、まさに広域での戦いを挑んでいる。また、カードやお金を受け取る「受け子」

を向かわせるシステムも全国に存在する。この手口では、デパートの店員や、警察、銀行関係者など、次々と人を登場させて、確率的に詐欺が成功するように、総合力でアプローチをする。そのため、常時、ネットを通じて詐欺のリクルートも欠かさず行う。また中国から電話をかける遠隔戦術を使い、警察に捕まるリスクも減らすなど、まさに詐欺組織は強者ならではの戦いをしている。これでは詐欺被害はなくならないわけである。

ビジネスにおいては、ネームバリューのある大手企業に勤めて、何かのビッグプロジェクトに参画していれば、強者の戦略を使えるだろう。だが、おそらく多くの人は、中小企業に勤め、大企業にいても小さなプロジェクトを任されることの方が多いのではないだろうか。その時に、必要になってくるのが、弱者の戦略だ。

これは戦略を限られた狭い地域に絞り、客との一対一の密な関係性を築いて戦う手法だ。これは大型店の対極にいるコンビニエンスストアが使う手法でもある。

コンビニは、客の住む地域のすぐそばに位置しており、店に並ぶ品数は少ないものの、客がほしいと思う商品を事前にリサーチしておき、すぐに手に取れるようにしておく。そのため、店は商品の並べ替えを頻繁にしており、時に地元の食材をおくなど、その時期、その地域にあった品揃えを充実させている。それゆえ、お客はほしいものがあれば、すぐに買いに行けて、商品をゲットできる。シャッター商店街が増える今日この頃だが、一対一の密な関係性のなかで、顔なじみを作りながら、接近戦で客を獲得するという、弱者の戦略を使えば成功する道もあるはずなのだ。

営業においても、ブームに乗っているような人気商品を売るならば、強者の戦略を使うのがよいだろう。だが、そうでないことの方が多いはずだ。

強者の戦略で、不特定多数の人に闇雲に商品のアプローチをしても実績が上がらないと思えば、弱者の戦略で、まず契約の可能性のある客かどうか、相手のニーズを探った上で対象を絞り、営業のアクションを起こす。そして、自らの得意分野の中で、一対一の話をしながら、契約を取り付ける方が効果的だ。

また客からの要望があれば、すぐに客先に飛んで行き対応するなど、機動力を生かした形で、さらなる実績をあげることも可能だろう。どちらかというと、私たちの身の回りでは、弱者の戦略を用いることで、成功をつかめることの方が多いのである。

【ワルの経済講座その17】

ワルは「リバウンド手法」でターゲットの心を意のままに操る

■なぜ荒唐無稽な霊感商法に騙される？

２０１７年に、霊能師を自称する女が警視庁に詐欺容疑で逮捕された。

報道によると、女は40代の女性に対し「あなたの母親が生霊になり、周りに迷惑をかけている」などと言い、そのせいで自分の娘も癌になったなどと嘘をつき、お祓いの代金１７０万円を詐取した。この自称霊能者の女は約10年にわたり、同様の手口で１０００万円以上を詐取していたそうだ。

こうした事件を見聞きするたびに、なぜこんなありもしないような話に人は簡単に騙されてしまうのか、と首をひねる人もいるかもしれない。

だが、実は因縁や霊を使った脅しの手口は、単純なゆえに、さまざまな騙しの手法をミックスさせやすい。それゆえ、怪しいと思い警戒していても、気がついたら騙されているなどといったことが起こりやすいのだ。

たとえば、詐欺師はこんな感じで近づいてくる。

人は、先の見えない不安や悩みを解消したいと思うもの。そこで今後の運勢を知りたいと思い、スマートフォンなどで姓名判断や星占いなどの情報を調べてみる。すると無料の占いサイトがたくさん出てきた。そのうちのひとつを訪れてみると、生年月日などを入力するだけで簡単に占ってもらえた。そこで同様のサイトをいくつか訪問し、とくに当たっているなと思うサイトを頻繁に利用するようになった。

サイトの占い師は、こんな感じで占いの結果を伝えてくる。

「あなたはいま、悩みの底にいますが、しばらくすると好転の兆しがみえてきます」

「まもなく幸運の波がやってきます」

といったものだ。

これはバーナム効果と言い、誰にでも当てはまるような曖昧な言葉で話すことで、さも自らに対する占いが当たったように思わせてくる手口だ。

今、こうした占いサイトを利用した結果、深入りしてしまい、数百万という高額な料金を払ってしまったという被害が出ている。私も過去にこの種の占いサイトとやり取りをしたことがある。実は、先のバーナム効果として紹介したものは、私がその時に受けた言葉でもある。

■発端はネットに広がる占いサイト

私はネット検索で上位に出てきた「スピリチュアル鑑定」なる占いサイトに登録してみた。送られてきた占いをみるのはタダだが、鑑定の依頼をすると1回あたり、150ポイントかかる。1ポイント10円なので、1500円が必要ということだ。ただし、最初は入会プレゼントとして、無料のポイントが1500円分ついている。

さっそく無料のポイントを使って鑑定してもらうことにした。占い師のプロフィール欄には「詐欺も後を絶ちません。うまい儲け話に乗ってしまう被害者がたくさんおられます。自分だけ運が悪いのはどうして？　心あたりがある方は、ご相談ください」などと書かれている。

私は「いろんな人に騙されてしまいます。どうしたら、人に騙されない幸せな人生を送れるのでしょう。私自身に原因があるのでしょうか？」という鑑定の依頼メールを出した。すぐに、鑑定結果が返ってきた。

「正直に申し上げまして、あなたからお送りいただいた文面の負の力に身震いを覚えました。あなたは金銭面で悩んでおられるのですね？　確かに人柄のよさがあなたを苦しめてきたようですね……。お仕事は順調でしょうか？　大きな負債はありませんね？」と、やけに「？」の多い内容である。

そこで3000円を銀行で振り込み、300ポイントを購入して、再び鑑定依頼のメールを出した。

「私に感じた負の力とはどのようなものでしょうか。スピリチュアル鑑定とはどのようなものでしょうか？」

するると、返事がある。

「スピリチュアルで主に使われる能力は霊視で、守護霊様に降りていただき、今後の行動について、様々なアドバイスをしていただきます。あなたは、精神的にそうとう参られているようなので、先にヒーリングを行わせていただいてもよろしいでしょうか？」

私も返信をした。

「先生は霊視ができるのですね。私の守護霊は誰でしょうか？　はい、ヒーリングをよろしくお願いします。その結果を楽しみにしております」

すると、すぐに鑑定結果が送られてくる。

「守護霊様が誰かということは、私の方でもはっきりしていません。深い鑑定を行う前に、一度、ヒーリングを行いたいと思いますが、お時間のご都合はよろしいでしょうか？」

守護霊について「それはわからない」と答え、ヒーリングについても、「都合のよい時間はいつか」と話を引き延ばす。有料のメールをさせるのが目的であることが明白であった。

■不幸をチラつかせて心をつなぎとめる

この占い師に辟易して、返事を出さないでいると、次々と、他の占い師からメールアクションがある。

「先天運をご存じですか？　人は誰しも、前世での行いによって、この世の人生が決められています。あなたの場合、『過去世（前世）』と『守護霊』の両方によい運勢があるのですが、あなたはそれをうまく活かすことができていません。私のほうで、あなたが生まれつき持っている先天運を奮い起こさせ、よい運勢を開花させたいと思いますが、よろしいでしょうか？」

再び、お金を入金してポイントを購入し、その内容を尋ねると、

「あなたの過去世について、お話を続けさせていただきます。あなたの過去世は位の高い貴族であり、女性です。ある時期、勘違いから町人に誤解されましたが、最後には誤解も解かれ、

皆の中心になり、慕われ愛されて人生を全うされました。彼女はあなたの先天運を活かすことにより、あなたが望んでいる希望への手助けをしたいそうです。いまが転換の時期だともおっしゃっていますので、これまでの厄は拭い去りましょう」という返事が返ってくる。

再び、「なるほど、過去は貴族だったのですね。私は鼻が少し高く、貴族のような顔立ちだと言われたこともあるので、何となく思い当たります。ところで、私には何の厄があるのでしょうか？　具体的に教えてもらえますでしょうか？」と、鑑定依頼を出す。

すると「さっそく『先天運』を上げて参りましょう。まずは自分の部屋の窓を15分間開けて、新鮮な空気と入れ換えてください。続いて、あなたにとって不要になったものを始末するか、リサイクルに回すかしてください。では実行したらご連絡ください」という返事がくる。

なんとも、「窓を開けろ」とか、「不用品をリサイクルに出せ」という噛み合わない鑑定が始まりだしたので、しばらく無視していると……、今度は、先生から怒りのこもったメールが届きはじめる。

「断絶層が3時間以内にやってきます。これからは良運の断絶が発生します。非常に深い断絶ですので、修復に多大な苦労が伴います」「足を踏み外して転落しそうです。一寸先に断絶が待っています」などという、駅の階段から転落するのか、ビルの窓から転落するかはわからないが、先行きの不安を感じさせるような言葉が続く。

つまり、「不幸になる」という、強いマイナス情報を相手に打ち込み続け、「それは嫌だ！なんとかしたい」という反動の気持ちを引き起こさせて、メールの返信を促そうとしているのだ。もちろん、私は無視をし続けたが、占い利用者の中には、このリバウンドの手法を巧みに使われて、返事を出してしまい、高額な金額にまで膨れ上がってしまう人は多い。

■カルト宗教に見るリバウンド手法

マインドコントロールされた友人を助けようと、カルト教団の施設に乗り込んだのはいいものの、本人に対して「お前は彼らに騙されている」と強い口調で言ってしまったために、逆にその人自身が絡め取られて、入信させられてしまう、といったことがよくある。

これも同じ原理で、そもそも相手を助けようと乗り込む人は、人一倍、愛情が強い。カルト側はそれを瞬時に読み取り、「なぜ、彼が入信したのか、彼の本当の悩みを理解しているのですか？」と強い口調で言葉を返してくる。壁に向かって、強いボールを投げれば、その反動がより大きなものとして返ってくるように、「そういえば、彼の深い悩みはよくわからないかも」という思いが彼自身の心に突き刺さり、閉口させてしまうわけだ。

すると、カルト側は畳みかける。

■ カルト宗教（詐欺師）のリバウンド手法

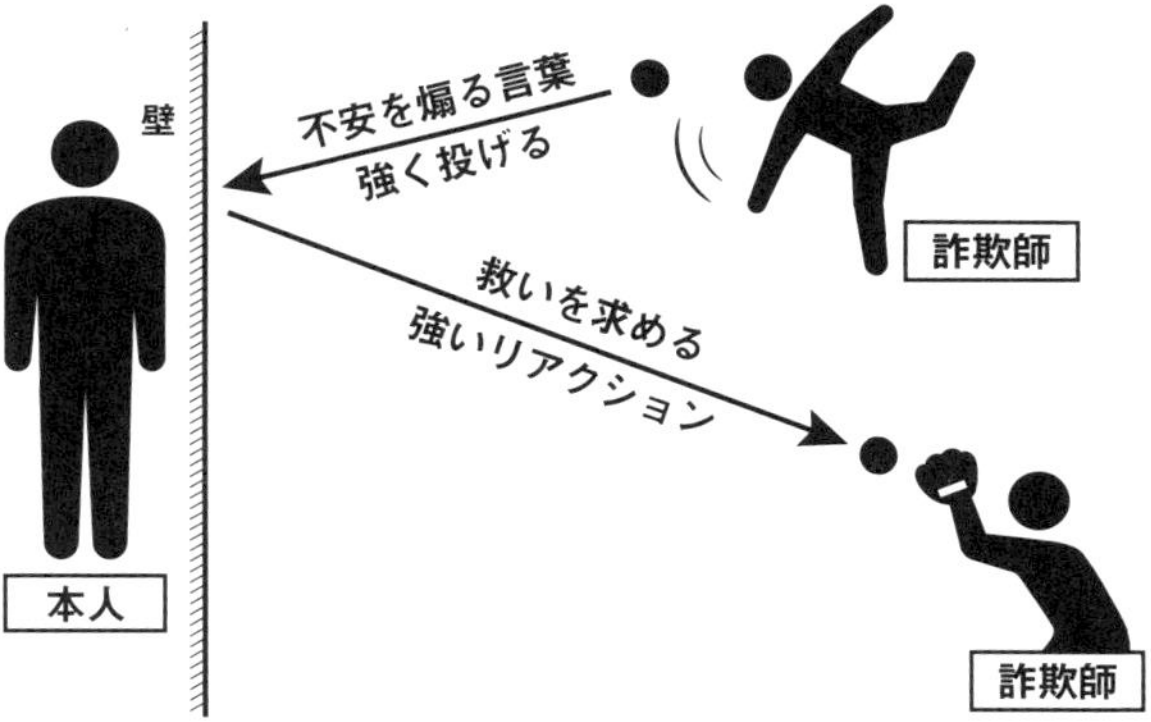

➡強いボールで望み通りの結果を引き出す！

「もっとご友人の心境を知ってから判断するべきではないですか？　彼は本当に悩みぬいたあげくに、入信を決意したのです。その気持ちを理解してあげてください」

そして、「まず彼が私たちの教義のどの部分に共感したのかを知ってから、反対しても遅くないのではありませんか」などと提案をしてくる。

もともと相手への情が深いゆえの行動なので、「わかった。まず話を聞いてみるよ」と言うことだろう。

こうなれば、カルト側の勝ちである。友人を救いたいという強い思いを、教義で人類を救いたいという方向にマインドコントロールしていけば、良いからだ。ワルたちは見事なまでにリバウンドの手法を使い、成功をもぎ

■ リバウンド手法のビジネスでの活用法

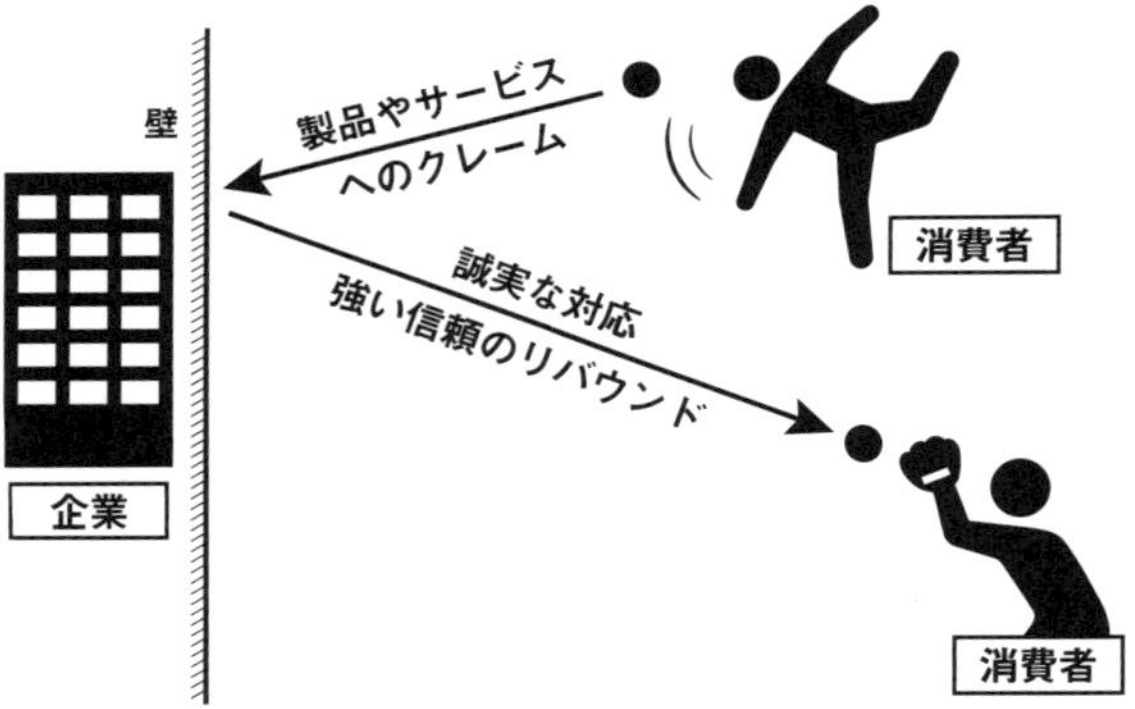

➡対処法次第で成功をつかむことができる！

取っていく。

それに対して、一般の企業では、強い口調でクレームをあげられると、何とかそれを柔軟に受け止めて、穏便にすませようとする。いわゆる、守勢に回った対応だけをしがちである。

だが、ワルたちのように、リバウンドを利用した攻めの対応をすることも必要だろう。商品の不具合からのクレームなど、何かしらのマイナスな結果に対して、ひたすらに客からのクレームを受け止めて、ただ「申し訳ありません」と言い続けてことを終わらせるのではなく、頭を下げつつも、この歪《ひず》みをどう受け止めて、いかに高く飛翔できるかを考えてみる。

「このクレームは、これまで当社への愛着があったがゆえのものだ」と捉えて、怒られ続けながらも、相手に手厚いアフターフォローを考え、実行することで、長年の顧客になってくれることも十分にありえるはずだ。

実際に、商品への異物混入、リコール問題など、様々なトラブルに見舞われながらも、それをバネに大きく信頼を回復した企業は多い。失敗してダメだった時にこそ、どのような対処をするかで、結果は大きく変わってくる。リバウンドを念頭においた戦略をもっと考えてみるべきだろう。

■ネットでもリバウンドの手法が取られている

今や、ネット検索は情報を得るための手段として当たり前のように使われているが、実は、ここにも、リバウンドの手法が使われているのをご存じだろうか。

客が「今日、営業を受けた投資会社の話は信用できるのかな？」と考えたり、ネットで見つけた通販会社からものを買おうとする際「この会社から、商品を買っても大丈夫かな？」と不安に思う時、おそらくネットで調べてみることだろう。

その時、「企業名」や「商品名」を入れて検索するだけではなく、何か悪評がないかと思い、「○○社　詐欺」「○○社　被害」「○○商品　不具合」といった、ネガティブワードを入れて検索するに違いない。ところが、この消費者行動はすでに業者にとっては想定済みのことで、いくらネガティブ情報を入れて検索しても、悪い情報は上位には出てこないようになっている。それどころか、良い評判や情報だけが出てくる。これは、よくアフィリエイトのサイトなどでも使われる方法でもある。

つまり客が「ここは悪いところかもしれない」とマイナスな思いでもって調べても、「悪くないのだ」という情報しか出てこない。それどころか、好評価の記述ばかりが出てくるので、「安心なところなのだ」と思ってしまうことになる。これもまた、〝ネガティブに検索をする〟という行動を利用して、ネット利用者から信頼という反動を勝ち取る手法であるといえるのだ。

【ワルの経済講座その18】

女性を狙う愛人詐欺、そのウラにある「ペルソナ戦略」

■ターゲットは女性!?　新手の愛人詐欺

愛人契約を結びたいといって、金を騙し取る手口が増えてきている。それも、ターゲットになっているのは、男性ではなく、女性である。すでに、犯人である男2人が警視庁に逮捕されているが、その手口はこうだ。

出会い系サイトなどネットを通じて、男性が20代の女性に「愛人になってくれる希望者を探している」とアプローチする。この時、連絡をした男性は仲介役に徹して、「まず面接を行いたい」と言ってくる。そして、女性に会い、話した上で「あなたなら、大丈夫。ぜひとも、愛人を募集している社長に会ってほしい」というのだ。最初に会った時点では、詐欺行為をしないのがポイントだ。

ここでは、まず単純接触の効果が使われる。「ザイアンスの法則」ともいわれるが、初めて会う人は、どうしても警戒心から冷たく敵対的な態度をとってしまいがちだが、会う機会を増すごとに、親密さを高めて、心を許していくというものだ。

男は事前のメールのやり取りに加えて、面接と称して女性に会うなど、コミュニケーションを密に取った上で、騙しの下準備をする。そして後日、高級なホテルの喫茶店やロビーで、女性のパトロンになってくれる社長や会社役員を紹介するのだ。

社長役の男は、高価そうな装飾品を身に着けて、一流の人間のように装う。そして女性と話しながら「あなたと、ぜひとも愛人契約を結びたい。もし契約してくれれば、月の手当として20万円ほどを払うよ」と約束する。その際、社長は次のような提案をする。

「毎月のお金を払うのと一緒に、あなたのクレジットの支払いも、会社の経費で払うようにしてあげますよ。これから先は、好きなものを、どんどん買ってくださいね」

愛人契約に手を出す時点で、相手はお金に窮していることは自明だ。そこで詐欺犯らは、「月々の支払いもするよ」という提案までしてくる。女性が、ますます相手に心を寄せると、いよいよ騙しの本丸に入る。

「では、会社の方で、お金を払う手続きを行いたいので、カードを預からせてください」

女性は微塵の警戒心もなく、クレジットカードを渡してしまう。そして詐欺犯らは勝手に女性のクレジットカードを使いこむのだ。この他にも、「愛人契約」を口実にして、何度か女性らに会い、「お金の振り込み先に、指定の銀行口座の開設が必要だ」と言って、新規に銀行口座をつくらせて、通帳とキャッシュカードを騙し取る手口もある。すでに犯人は逮捕されているが、こうした銀行口座は、ネット注文してお金を払ったものの商品が手元に届かないといった、いわゆる詐欺サイトの支払い先に利用されていた。

これまでも出会い系サイトによる金銭的被害は様々あるが、その多くは美人局であった。男性が出会い系サイトで女性に会ってみると、ぬっと強面の男が出てきて「俺の女に手を出しやがったな!」と、にらみを利かせて出て、金をふんだくる。この場合、男性がターゲットになるゆえに、世の男性たちは警戒している。一方、女性たちには、こうした手口で騙されるという警戒心がほとんどないゆえに、まさにそこを突いた犯行といえるのだ。

■新たな金脈は「ブルーオーシャン」に眠る

詐欺師たちは、いつも相手を騙すための新規開拓に余念がない。

■ 賢いワルはブルーオーシャンを目指す

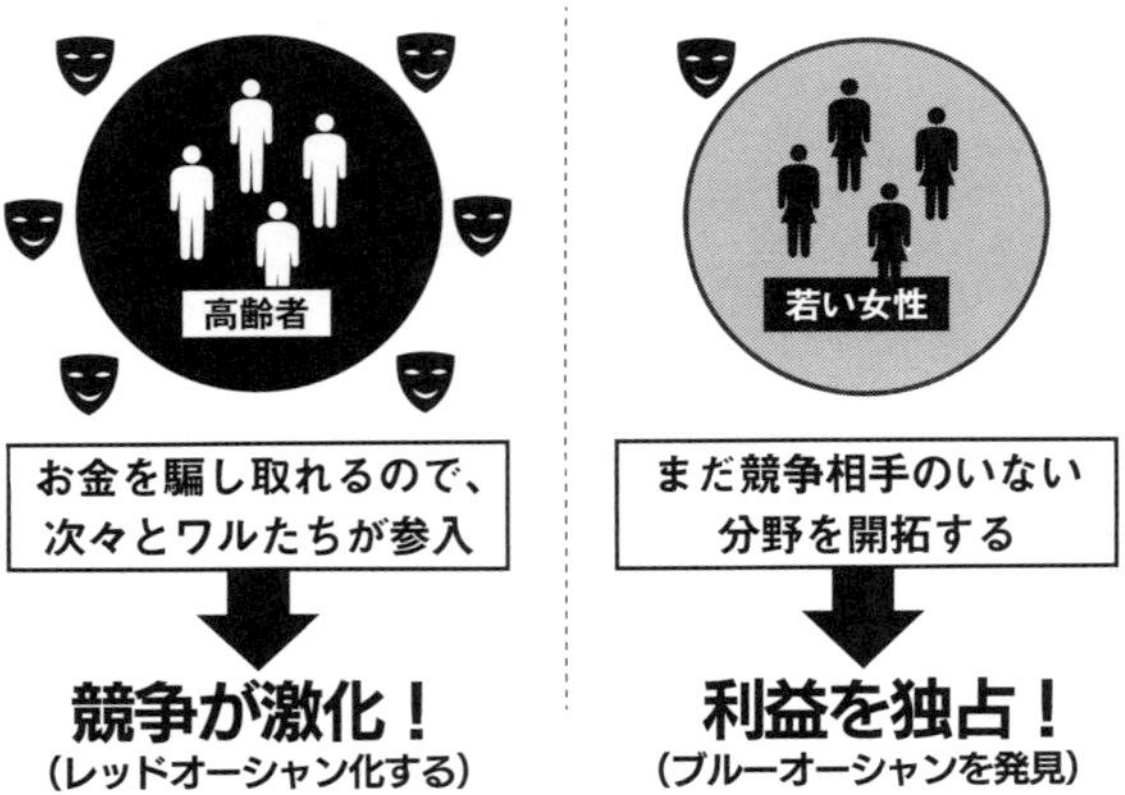
高齢者
お金を騙し取れるので、
次々とワルたちが参入
競争が激化！
（レッドオーシャン化する）
若い女性
まだ競争相手のいない
分野を開拓する
利益を独占！
（ブルーオーシャンを発見）

今や振り込め詐欺にはあらゆるワルが参入しており、高齢者に狙いを定めて詐欺を繰り返している。つまり、この詐欺の市場ではターゲットの食い合いが起こっているのだ。それに加えて、新しい詐欺の手口がうまくいくと、多くの組織がそれを真似しはじめる。当然、警察も動きだす。まさに、ここでは騙しの過当競争が起きており、ひどい話ではあるが、高齢者を食い合うような「レッドオーシャン」（血の海）の状況となっている。そこで新たに詐欺への参入を目指すワルたちの一部は、ライバルのいない市場に行こうとしている。つまり、愛人契約は、競争相手の少ない「ブルーオーシャン」を目指した手口といえるのだ。

ビジネスでも競争相手のいない世界で営業

をする方が、成功率は高くなり大きな利益を見込める。それゆえ、いかに未開拓な分野で見込み客を得ていくかが大事になる。そこで見込み客を発掘するために、市場のリサーチをしながら、ターゲットを探っていくことになる。

その時、「ペルソナ戦略」がものをいう。「ペルソナ戦略」とは、これから販売しようとする商品や提供したいサービスのユーザー（ターゲット）像を、詳細に想定しておくことをいう。鮮明なターゲット像を設定しておけば、商品の開発や改良から、具体的な販売戦略まで立てやすくなるというわけである。

■詐欺師たちの「ペルソナ戦略」

では、ワルたちの発想を見てみよう。まず、彼らは騙すためのターゲットの具体的な人物像を設定している。

20代で首都圏に住み、すぐに会える女性。性に対しては開放的で、スマートフォンを持ち、出会い系サイトでいつも相手を探している。しかも、クレジットカードを持っていて、月々のお金の支払いに汲々としている。スマホで稼ぐための情報を探していて、買い物依存症の人なら、なおベターだ。さらに、世の中の詐欺への情報にあまり関心がなく、騙されることへの警

■ 愛人契約詐欺におけるペルソナ戦略

ターゲットのペルソナ分析

- 20代で首都圏に住み、すぐに会える
- 性に対しては開放的
- スマートフォンを持っている
- 出会い系サイトを利用
- クレジットカードを所持
- 金銭的に買い物依存症
- 世の中の情報にあまり関心がなく、騙されることへの警戒心が薄い
- 一人暮らしなどで相談できる人がいない

戒心が薄い人。そして一人暮らしなど、周りに相談できる人があまりいない女性……。

このようにして事前に騙す相手をリアルにイメージ化しておき、ネットやメールのやりとりを通じて、それに合致した人物を物色していく。こうしたペルソナの設定を行うことで、ワルたちは騙せる見込み客を確実に手に入れていく。

しかも、愛人契約は人様にはあまり公言できないようなものなので、詐欺被害にあってもなかなか口にしないため、悪事も発覚しにくくなる。まさに愛人契約詐欺は詐欺市場におけるブルーオーシャンになったのだ。

もっとも、詐欺師たちが「ペルソナ戦略」というビジネス思考にしたがい、詐欺を行っているかどうかはわからない。詐欺師たちは悪知恵に長けているため、自然と「ペルソナ戦略」に近い発想が出てくるといった方がよいかもしれない。

さて、一般のビジネスでも商品の販売をするにあたって、見込み客を設定することは重要である。その時、「20代女性で、スマートフォンを使う人」と、ターゲット像をおおまかに設定するのではなく一人の人物のように具体的に考えてみる。

相手の年齢や性別はもちろんのこと、性格や趣味嗜好、そこからくるライフスタイルに至るまで、モデルユーザーとしてより詳細な設定をしていく。それにより客目線からの商品開発から営業戦略に至るまで具体的なアプローチ法が立てられるというものだ。おそらく、企業であれば、顧客がどのサイトにアクセスして、どんなものを買ったかといったアクセス解析をしていることだろう。それに今やSNSやメールなど、ネットを通じて様々な情報を得られる時代で、それらのデータを利用して、ペルソナを設定しやすい状況になっている。そしてブルーオーシャンを目指す道を模索する。

ワルたちばかりに、ペルソナによるマーケティングをさせてはいけない。これはビジネスの成功術としてこそ、使われるべき手法であろう。

【ワルの経済講座その19】

詐欺師たちが使う、逆境を乗り越える発想法とは？

詐欺師や悪質業者を見ていて、驚くのは、相手を騙そうとする執念である。

「アンケートに答えてもらえませんか？」

「無料でエステを体験しませんか？」

などと声をかけるキャッチセールスの被害を、最近あまり目にしない。そう思っている人も多いかもしれない。

こうしたキャッチの全盛期はいまから10～20年も前の話であるため、そう思うのも無理はない。しかし悪質キャッチは撲滅したわけではない。連中は手口を変えて、いまもしぶとく生き残っている。

■「モデルになりませんか？」の罠

休みの日ともなると、繁華街は若者たちで溢れかえる。

道を歩く可愛らしい若い女性に男性が声をかける。

「すみません。あなた、かわいいですね」

「えッ！」

ナンパかと思えば、そうではない。

「実は今、モデルとして所属してくれる人をスカウトしていましてね、写真を撮らせてもらっていいですか？」

自らは、スカウトマンだというのだ。

「可愛いですね」「スカウトしています」は、アイドルなどを夢見ている子にとっては心くすぐられる言葉だ。

「ええ」

女性は拒否することなく、気軽に写真撮影に応じる。

すると男は「いいですねえ。とても可愛らしく撮れていますよ。ぜひとも、この写真で事務所の審査を受けてもらえませんかね？　この可愛らしさなら、たぶん、大丈夫ですよ」

「はい」

「モデルとして活動できるかもしれない」と女性は思い、前向きな返事をする。

「では、審査の結果を後日お知らせしますね。ラインＩＤと携帯番号を教えてもらっていいですか？」

以前ならアンケート用紙の最後に住所、電話番号の欄をつくって無理やり記入させていたが、今は実に自然な形で連絡先を聞き出すのだ。

ここまでの流れを見て、「なんだ、単なるスカウトじゃないか？」と思った人は要注意だ。

街頭の悪質スカウトといえば、これまでは芸能事務所に呼び出して高額な登録料をふんだくったり、アダルトビデオへの出演を強要したり、といったことが典型的な手口だった。しかし、最近のワルたちはもっと違った目的で声をかけているのだ。

■ワルたちの本当の目的は？

その夜に、電話がかかってくる。

「夜分遅くすみません。審査が通りましたので、明日、時間があれば、事務所に来てもらえませんか？」

翌日、女性は喜んで、事務所を訪れる。すると、事務所の人は「ぜひともあなたの写真をモデルとして、雑誌に載せたい」などと言ってくる。

そこで、次のような依頼をするのだ。

「まずは、エステを受けてもらい、キレイになってきてもらってよろしいですか？　無料なので、お金はかかりません」

そして、女性はエステ店に赴く。

店では「これからモデルになるのだったら、しっかりとした美容エステを受けておいた方がいい。もちろん、タダです。ただ、店としての売り上げをあげる必要があるので、形の上だけクレジット契約をしてもらえませんか？　もちろん、月々の支払いはこちらでしますから、実質、無料になります」などと言われて、高額な契約をさせられる。もちろん、これは嘘なので、結局、お金は契約者本人がすべて払うことになる。

消費者センターには、こうしたエステや美容クリニックに行き、無料の体験後、脱毛などの施術を勧められて、契約してしまったなどという相談が寄せられている。当然、事務所から勧められたお店であり、女性には断れない部分もあるだろう。そうした点を巧みについている。つまりワルたちの目的は事務所へのスカウトではなく、美容関連の契約にあったのだ。

すでに「美容のアンケートをしています」「エステの無料診断してみませんか?」といった声掛けで、店に連れ込んで、契約をさせる方法は、多くの人に知られて警戒されている。それに、こうした勧誘をする目的を言わずに、いきなりキャッチからエステ店に連れ込み契約を迫ることは違法であり、市区町村の中には条例を作ってこうした客引き行為を禁止しているところもある。そうした徹底した対策により、キャッチセールスの実績が上がらなくなってきた。そこで苦境を打開するために、ワルたちは先のような手口を考え出したのだ。

■プラスの発想法が良い結果を生む

ワルたちは厳しい状況になればなるほど、いつもポジティブな発想で困難な状況を乗り越えてくる。

たとえば、カルト団体の信者勧誘もそうだ。

アーケード街で「アンケートをお願いします」をきっかけにして、信者の勧誘をしていた男性が、団体の幹部に報告をする。

「極めて、厳しい状況です。アーケードには、キャッチに注意するようにアナウンスが流れていて、道行く人からも怒鳴られて、とても勧誘できる状況ではありません。それに、突き飛ばされた人もいます。このままやっていても、誰も勧誘できず、やっていても意味がありません」

普通ならば、「それじゃあ、仕方がない。勧誘を打ち切れ！」と言うであろう。

しかしそれを聞いた幹部は、「いいや。そのまま続行しろ！　それは良い兆候じゃないか！どんどん文句を言われて来い！」というのだ。

「どういうことでしょうか？」と下の信者が尋ねると、「過去のキリスト教を思い出してほしい。初期のローマ時代には、彼らは布教するも迫害され続けてたくさんの殉教者を出してきた。けれど、迫害されればされるほど、信者の数は増えて、最終的には国教にまでなった。厳しい状況になったということは、それだけ信者を増やす未来が開ける道が見えてきたということだ。もっと、激しく勧誘をして、迫害や文句を言われてこい！」と言って、信者らを送り出す。

まさに彼らの発想はそこなのである。厳しい状況になれば普通は「やめる」という発想するところを、別次元の発想をして乗り越えようとする。

結果、「できるはず」という思いを強く持ち、モチベーションを上げることで、信者らはアーケード街の注意喚起の声など耳に入らなくなるほどにより激しい勧誘をするようになる。

それまで布教活動の邪魔をしていた人もいつまでも同じ場所にいるわけではないので、やがてその妨害もやみ始める。するといつも以上の人数に声がけでき、普段より多くの人を勧誘できるのである。

このようにワルたちは厳しい環境に置かれれば置かれるほど、恐ろしいまでの回復をみせてくる。

ここからわかるのは、彼らは物事を減点方式では考えないということだ。ピンチになれば、それをチャンスと考え、常にプラスの発想法をしてくる。

まさにここにあるのは、「レジリエンス」という発想であろう。「レジリエンス」とは分かりやすく言えば、「回復力」のことだ。

たとえば、スポーツの世界では常に怪我やプレッシャーなどのリスクがつきまとう。そうした事態に遭遇して、そのまま押しつぶされて選手生命を終える人は多い。その障壁を乗り越えた者だけが一流選手となり、成功者となりうるのだ。

これは本来の運動能力だけでは克服できないものだ。成功したスポーツマンは間違いなく、レジリエンスの発想をもって、困難を乗り越えてきた人たちであろう。

ビジネスでも、こうしたレジリエンスをもって前に進むことが大事になる。延々と順調に続くビジネスなどはありえない。必ず浮き沈みがある。その時にどういう発想ができるかによって、そのまま沈んでしまうか、浮き上がるのかの違いが生まれるのだ。

■2進法を意識することで、ポジティブ発想は加速する

■ 窮地に陥ったときの詐欺師のレジリエンス

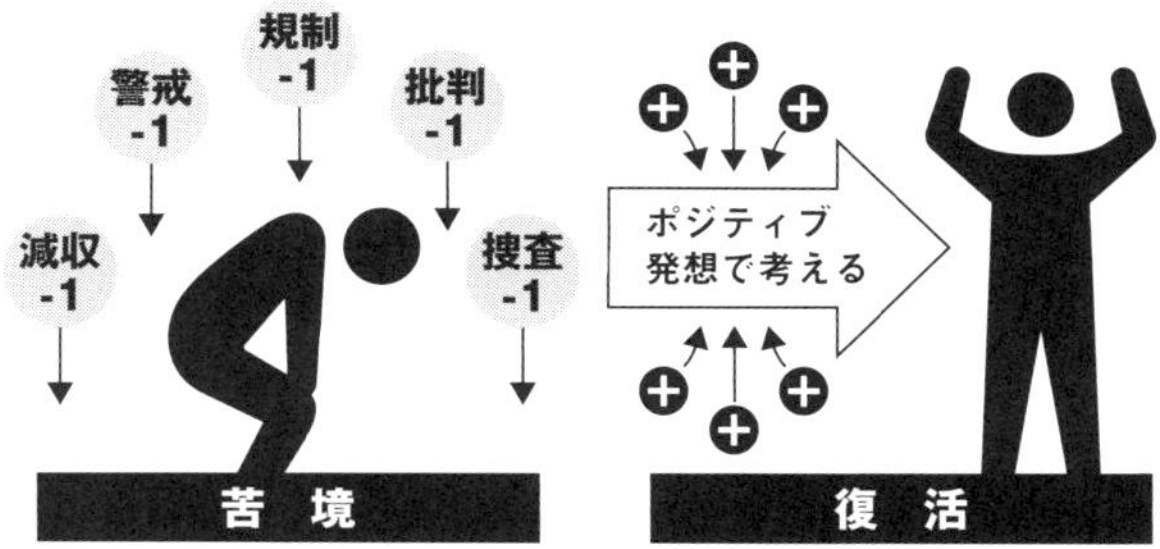

法律による規制や一般市民の警戒、警察の捜査、収益の減少などのマイナス要因が重なり、気持ちが折れかける。

後ろ向きではなく、前向きな発想で加点要素を増やしていく（レジリエンス）。その結果、新しい手口の考案に成功した。

本書21ページの「ワルの経済講座その２」でワルたちの発想が四則演算にあることを話したが、ここでも足し算をする発想をしていることがわかる。つまり、逆境の現状にポジティブ思考や努力などの「＋１」を次々に加えて、負の状況を正の状態にまで回復してしまうのだ。

さらに、プラス発想を加速させるために、２進法で行動する者もいる。

その典型的な例のひとつが、先のカルト団体の布教活動である。

「－１」の状況になった時、単に「＋１」の発想を加えただけでは、ゼロになるだけだ。そこでさらに「＋１」のポジティブな発想と努力を加えて「２」とする。その際、た

■ カルト宗教に見る「二進法」レジリエンス

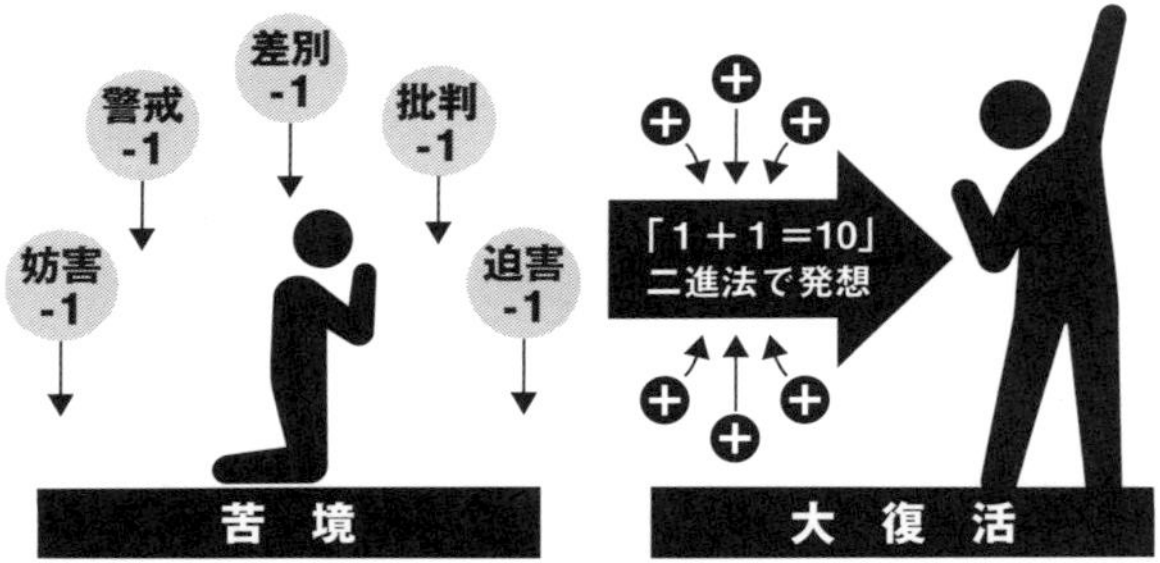

世間の冷たい目、周囲の警戒や妨害などに遭いつつも厳しいノルマをこなさねばならず、布教活動に行き詰まりを覚える。

教団幹部は歴史上、多くの宗教が激しく迫害されてきたと主張。「ここで努力すれば救われる」との言葉に信者は発奮する。

んに2の形にするのではなく、2進法で「1＋1＝10」にする。つまり、過去の成功の歴史（ローマ時代）の例を挙げながら、現在の布教の在り方をみつめさせるという、桁（次元）をあげた視点から考えさせることで、ポジティブ発想を加速させたのだ。

逆境に陥り、悩みながらも、ポジティブな発想と努力をして前に進んでいく。私が好きな漫画に『キャプテン』（ちばあきお著、集英社）がある。

主人公の谷口は、野球の有名中学にいたということだけで、転校した先の中学の野球部で、野球がうまいのだろうと思われて、キャプテンに任命される。ところが野球はまったくの下手くそで、そもそも元の中学では2軍以下の選手だった。しかし、彼はその逆境を受け入れて、努力を積み重ねて本当に野球がうまくなっていく。ついには最強のキャプテンとして、弱小中学を決勝戦まで導いていく話だ。

本当は野球が下手なのに、みんなの誤解からキャプテンになった。けれど、悩みながらも言い訳せずにマイナス（－1）の現状を受け入れ、リーダーとしてどうするべきか、次元を上げて考えて努力を積み重ねた。その結果、成功をつかみとれたのだ。

一般社会では、人間関係や仕事上でマイナスという艱難辛苦に出くわすと、ストレスから心を折ってしまう人が多い。すると負の連鎖が続き、ついには現状から逃げ出さざるを得なくなる。しかしそうではなく、私たちも最悪の状況を目の前にしたときこそ、新しいことを生み出すきっかけや、変化の時が訪れたととらえることが必要だ。そうして、発想や努力で「＋」を加点していき、それを2進法で「10」に増やしていき、個人から会社組織や地域、社会全体、生きている時代といった高いところに目線を上げて行動を加速させていく。

ワルたちにこうした発想ができて、私たちにできないはずがないのである。

【ワルの経済講座その20】

3位以下で相手を騙す、詐欺の「アップデート戦略」とは？

■騙しをするなら3位がいい？

「世界一になる理由には、何があるんでしょうか？　2位じゃだめなんでしょうか？」

２００９年民主党政権のもとで、次世代スーパーコンピュータ事業の仕分け作業が行われた際、蓮舫議員（元民主党代表）から飛び出した有名な一言である。

もしこのような質問を詐欺師や悪質業者にぶつけたなら、次のように答えるだろう。

「騙しをする上では、1位も2位もだめで、3位以下になるのがよいのです」と。

その典型的な手口が、街中でよく見かけるくじ引きだろう。

■ インチキ街頭クジ引きのカラクリ

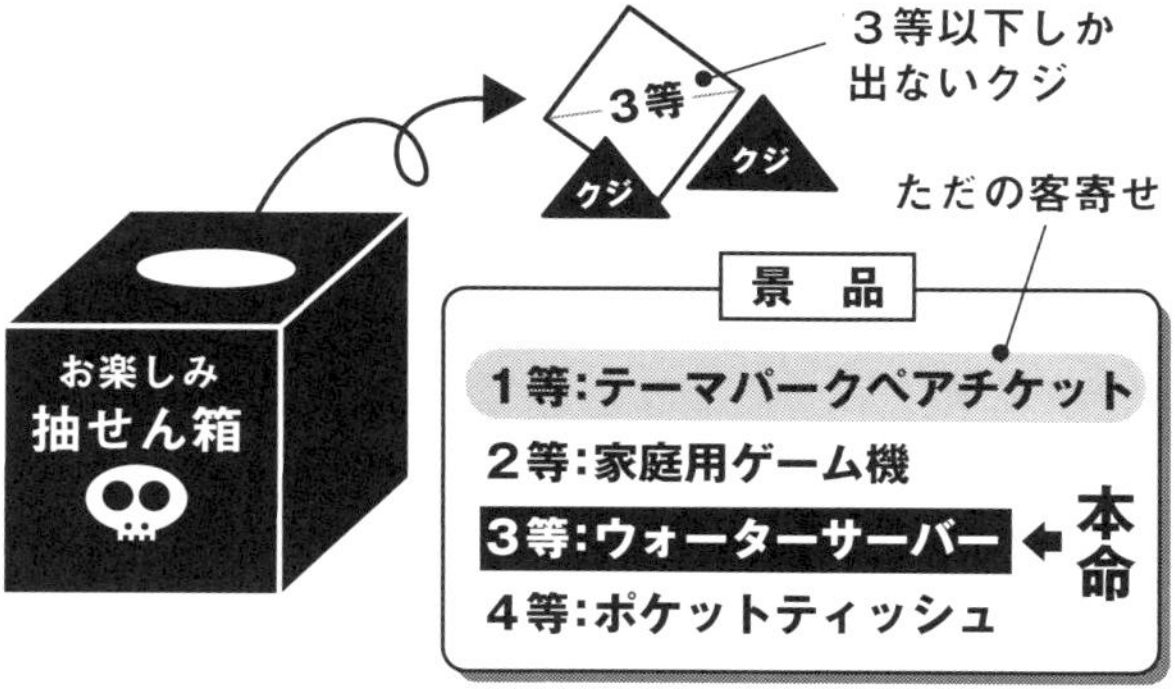

➡狙いは3等の商品を契約することにあり！

駅前の繁華街などで「ちょっと抽選をしてみませんか？」と声をかけてくるアレである。

街頭で抽選箱を差し出されたので、三角くじを引く。1等は有名人気アトラクションの招待券だったりするが、まず当たらない。その下の3等、4等の賞品が当たるようになっている。

大抵それらの賞品は「ウォーターサーバーを無料で借りられる権利」や「○○放送の機器を無料で差し上げます」といったものになっている。

しかし、その商品はタダでもらえるわけではない。ウォーターサーバーの設置代金は無料だが、中に入れる水は定期的に購入しなければならない。放送機器も同様に機器そのものは無料だが、毎月視聴料金がかかるようになっている。販売員の中には、そのことをしっかりと説明しない者もいるため、後になって契約者とトラブルになるケースが多い。

このクジ引きキャンペーンは、思わぬところとつながっていることがある。

実際に私が経験したケースだが、街中で「キャンペーンでクジを引いてもらっています。1等のハワイ旅行が当たるかもしれませんからどうぞ！」と声をかけられた。相手の狙いを探るためにクジを引いてみると、「4等当たりました。あそこで景品のお菓子をもらってください」とブースの方を指さす。ブースに行くと、男性のスタッフがおり、ペンを渡されアンケートへの記入を求められた。アンケートは簡単な質問事項がいくつかあり、最後に住所や電話番号、氏名を記入する欄がある。

それから数日後、私のもとに勧誘の電話がかかってきて、指定された場所に向かうと、ある自己啓発系セミナーの契約を執拗に迫られた。1等のハワイ旅行という大きな当たりをちらつかせながらクジを引かせ、4等が当たったといって個人情報を聞き出す。出やすい当たり番号に真の目的を潜ませるのが、ワルたちの狙いなのである。

■ロト6攻略法詐欺でも3等が人気!?

それは、ギャンブル系の情報詐欺でも同じだ。

2017年末に「ロト6の当選番号が事前にわかる」とし、情報料として100人以上から合計3億円を騙しとっていた詐欺グループが逮捕された。私もこの手の詐欺業者の話に乗ってみたことがあるが、「事前に当たり番号がコンピュータによって決まっていて、その番号の球が、抽選会場ではじき出されてくる仕組みになっている」と言い、その後「3等の当選番号が極秘で入手できました」などと情報の購入を持ち掛けてきた。

もちろん、これは情報料を騙し取る嘘の話であるが、ワルたちは決まって1等ではなく、その下の当たり番号を教えてくる。

なぜ、1等ではないのか？

結論からいってしまえば、当たりを下の番号に設定することで、話に伸びしろができるからに他ならない。

もし1等という天井から話をしてしまうと、それ以上、話の進展がなくなってしまう。それに対して、3等程度の当たり番号にしておけば、「今回は、この当たり番号しか教えられませんが、今後、情報料金を払ってもらい、当社との信頼関係を築いていけばもっと上の当たり番号も教えることができます」と夢や希望を抱かせながら、話を先に進ませることができる。つまり、当たり数が多い3等は騙しの路線に乗せるための乗車駅になるのである。

■アップデート手法はオモテのビジネスでも有用

これはビジネスでも使える内容だ。

営業でも「元本保証で、年利15％の金融商品になります」と、1等が当たったような、すごい話を最初から持ち掛けたとしよう。おそらく相手は「話がうますぎるな」と警戒して、話にすら乗ることをしないだろう。それに対して「年利は3～5％ですが、元本割れのリスクは低い金融商品です。銀行にお金を預けておくよりは良いかと思います」と言えば、相手は話をちょっと聞いてみようかな、という思いになるはずだ。

78ページで説明した「ゲイン・ロス」の考え方を思い起こしていただきたい。ゲイン・ロスでは、最初からすばらしい好印象を与えるのではなく、ちょっと劣った第二・第三の印象を相手の心にとどめておき、後から前回を上回る好い印象を与えて「いい奴じゃないか」「できる人だな」という高い評価を得ようというやり方である。これは印象面からのアプローチだったが、販売戦術としても利用できる。

当たり前のことだが、お客さんは自分がほしいと思ったものを購入する。そうでなければ、お金は出さない。つまり、ものを売る側はお客さんの購買意欲をいかに掻き立てるかが大事に

■「トップダウン」と「ボトムアップ」

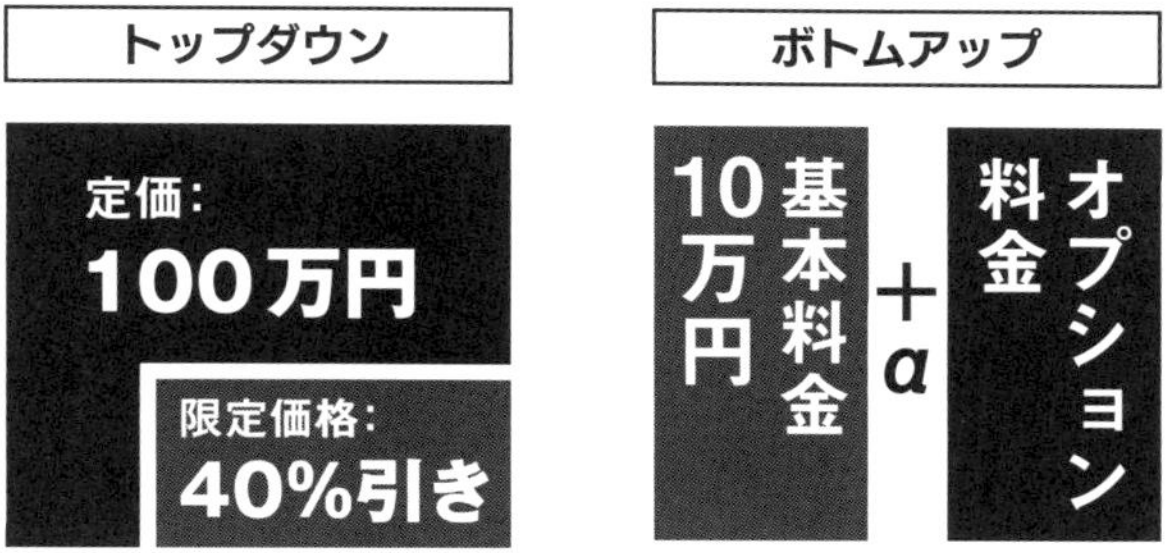

以前の主流手口。最初に1番上を見せておき、一気に下げる。売り手が値段を決めるので、時間の経過とともに満足感が減少。

現在の主流。安い値段を提示した後、オプション購入を促し結果的に高く売る。客が自分で決めるので満足感が減りにくい。

なってくる。その時の戦略は大きく二つに分かれる。

以前に私がよく受けた勧誘のひとつに、絵画などで100万円などの高い金額を提示しておき、「いかがでしょうか？」と購入を迫るというものがあった。こちらが予想もしなかった高い値段に躊躇していると、今度は「40％オフにします」と一気に値引いて畳みかけてくる。「40万円も安くなった」とお得感を抱かせて、購買意欲をそそるのだ。

これは1番上の値段を見せておき、その下の価格でものを売る、トップダウンの販売戦略だ。

だが、この手法だとそもそも最初の値段が偽りのように見え、ものを騙し売りしている感じが拭えない。それに営業トークがどうしても一本調子になってしまう。そのため、この種の販売方法は地下経済では最近下火になっている。

それに対して、マックスの値段からはほど遠い、低い金額を提示することから始める方法がある。これはあくまでも基本の値段であることが多く、お客さん自身の満足度は満たせない。そこで付加価値の商品を幾つか提示して、客自身にチョイスさせるのだ。

たとえば車の販売では、最初からフル装備での金額を出すと、客から「高い！」と拒否されるかもしれない。そこで最初は最低限の装備での安い値段で算出しておく。その上で「こんな機能もありますが、いかがでしょうか?」と、様々なオプションを提案していく。すると、相手は自らの懐具合とにらめっこしながら、「これもほしいなあ」「あれも追加しようか」となる。足りない部分からスタートさせて、自らの意志でオプションのアップデートさせていくのだ。結果、フル装備の時に示す金額よりも高くなっても客の満足度は格段に違ってくる。

あるカレーチェーンでも、基本のカレーがあり、それにご飯の量や揚げ物など様々なトッピングができるようになっている。それにより「ああして食べよう」「こうして食べよう」と、客の想像力が高まり、どんどん付け合わせをして値段は高くなっていく。私もいつの間にか1000円近い値段になってしまうことがよくある。店側はトッピングによる満足度を客に与えながら儲けていくわけだ。

営業やプレゼンでも大風呂敷を広げた提案は、相手に「おお～！」とサプライズ感を与えることができるが、その後の話が尻つぼみになってしまいがちだ。そこで最初の提案は、マックスの状態からほど遠いものにしておく。最初に「なんだ、その程度か」と客に思わせながら、後から徐々に付加価値のある話をして、提案を膨らませていく。このボトムアップの手法なら、客からの要望も十分に反映させることができるので、相手は次第に前のめりになり、提案の受け入れを真剣に考えるだろう。

常にその先の話の展開を考えて、3番目、4番目の姿を見せることからスタートして、アップデートさせていく。それにより永続的な営業ができるし、ビジネスにおける様々な商機を生みだすことができるはずなのだ。

【ワルの経済講座その21】

視線を誘導してワナにはめるワルの「動線テクニック」

■古くて新しい架空請求詐欺

ハガキやSMS（ショートメッセージサービス）を通じて、「あなたには、有料サイトのコンテンツを利用した際の未払い金が発生している。今日中に連絡をしないと、裁判を起こす。給与や不動産などの財産を差し押さえる」といった文面を送りつけ、架空の料金を請求する。また、スマートフォンで動画サイトをクリックさせて、「登録完了」と10万円ほどの請求画面を出して、お金を支払うように仕向ける、といった詐欺が相次いでいる。

その際、ワルたちが支払いに利用させているのが、電子マネーだ。

電子マネーとは現物の貨幣ではなく、電信技術を使った電子決済サービスのことをいう。代表的なものには「ＳＵＩＣＡ」のようなＩＣチップを使ったもの、コンビニなどで販売されているプリペイドカードなどがある。

実際、沖縄県では10代の男性がネットの有料サイトの退会手数料の名目で、アマゾンギフト券など約95万円分を騙し取られている。ハガキやメールなどに記載された番号に被害者が電話をかけて、相手がサイトの未納金の話を信じると、ワルたちから次のような指示がなされる。

「近くのコンビニに行って、プリペイドカードを購入してきてください」

コンビニでは「アマゾンギフト券」や「アイチューンズカード（iTunes Card）」などが、３０００円から1万円ほどで販売されており、それを購入するように言われる。そしてカードを買ってくると「カードの裏面にある、16桁の番号を教えてください」と指示してくる。ワルたちは、そのカード番号を知ることで、ターゲットが事前に支払った金額を騙し取れるわけだ。

警察庁によると、こうした電子マネーを利用した、２０１７年の特殊詐欺の被害は前年度より１３０・５％増の２９１４件で、被害額も１０４・１％増の約15億５０００万円になっている。

なぜ、この種の詐欺業者の口車に乗ってしまうのか？　ワルたちの巧みな話術については「『30万払え』アダルトサイト架空請求撃退　実況中継（本書96ページ）」にて実況中継をしたが、実はサイト自体にも巧妙な罠が仕掛けられていることがあるのだ。

■利用規約はサイトの下にあるという盲点

あるテレビ番組にて、私がサポートして芸人さんにアダルトサイトを巡ってもらっていた時のことだ。ある動画サイトの再生ボタンをクリックすると、いきなり「登録完了しました」という画面が出てきた。本来は無視すればよいのだが、番組ではその先の調査を行うために、あえて彼にサイトに掲載されていたお問い合わせ先に電話をかけてもらった。

「すみません。いきなり登録完了の文字が出たのですが」

すると、電話に出た男性が答える。

「そうですか。では画面にあるＩＤ番号をお知らせください」

「会員ＩＤ６８××××です」

「わかりました。お調べ致します……。はい、ご利用ありがとうございます。あなた様はアダルトサイト３６５日間の見放題コースへの登録手続きが完了して、消費税別の15万円の請求がなされています」

「登録した覚えがなくて。動画の再生ボタンを押しただけなのですが……」

「いいえ、お客さまは、規約に同意した上での登録となっております」

こうした架空請求サイトの場合、サイトのずっと下の方に「再生ボタンを押すと、規約に同意したことになる」といった旨の記載が、小さな文字で書かれていることが多い。私は経験上、そうしたことを知っていたので、彼には事前にサイトを下までスクロールさせ、そうした記述がないことを確認した上で再生ボタンを押してもらっていた。

「規約なんてなかったですよ」

彼は強く言った。しかし、詐欺業者の男は慌てることなく「本当ですか？」などと答える。

「では、現在の請求画面の上の方に、日の丸の形をしたアイコンがあるかと思います」

「はい。ありました」

「それをクリックしてください」

クリックすると、登録完了前の再生ボタンが表示された前画面に戻った。

「最初に、あなたが見た画面はこれでしたね」

「ええ」

「それでは、サイトの一番上を見て下さい。なんと書いてありますか？」

２人で見てみると、「本サービスのご利用開始をもって、規約に同意したものとみなし

……」といった文言が書かれているではないか。

サイトの下に、「これより先に進めば、利用規約への同意することになる」という文言があ

るとばかり思っていたが、実は上部にそれがあったのだ。

やられた！

「当社ではきちんと、サービスを利用したら登録完了となり、料金が発生することを記載しています」

「……いや、この部分は見ていなくて」

と芸人さんが答えると、「見ていないのは、あなたの落ち度でしょう」と語気を強める。

「すみません。見逃していて」

「見逃していたとしても、契約上、料金は払ってもらわなければなりません！」

こちらの確認ミスを突いて、執拗に金を払えと言ってくる。さすがの私もサイトの上部に、そうした文言が書いてあるとは想定外であった。なんとか長電話の末に詐欺業者を撃退したものの、ひと苦労であった。

■法則を押さえて視覚を誘導する

電話を切った後、サイトをもう一度、確認してみた。サイトには大きなタイトルで「旦那の留守の間に、人妻がこっそりともだえながら……」（仮）といった性欲を喚起するような文言

■「Fの法則」と架空請求詐欺サイトの関係

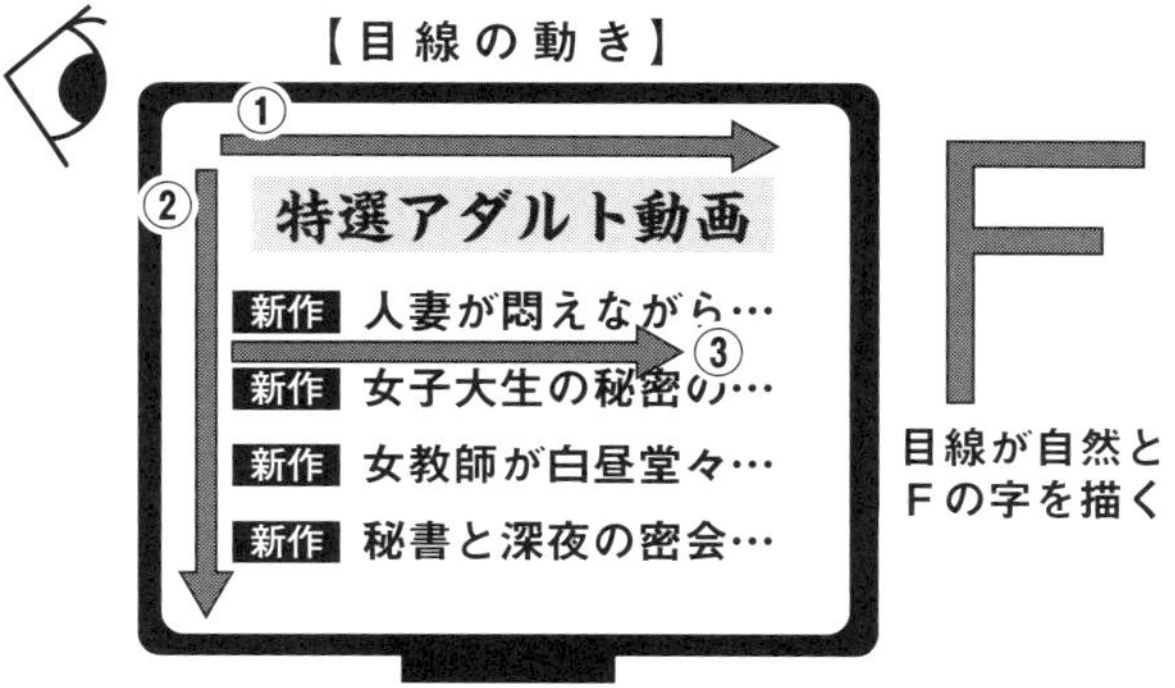

➡ワルは「Fの法則」の盲点を突いてくる！

が書かれており、その下に動画が置かれており、大きな再生ボタン「▶」が表示されている。その動画全体を見るために、下にちょっとスクロールさせてみる。すると上にある規約に同意云々の文字は隠れるようになっていたのだ。私はそれを見ながら、「Fの法則」を悪用した詐欺サイトであることを悟った。

　人はインターネットサイトを見る際、まず目に入ってくるのは、上部にある大きな見出しだ。それを左から右に見ていく。そして興味を持てば、次に目線を左に向け、上から下に見ていき、再び興味ある部分があれば、その文字列を左端から右に向かって読む……を繰り返す。つまりサイト利用者の視線は、無意識にF字型で動く傾向があるのだ。

　アクセス数が多く、人目をひくようなサイ

トは、Ｆ字に視線が移動することを意識したうえでのレイアウトになっている。Ｆ字に沿って、一番、アピールしたいことや、売りたい商品などを配置して閲覧者の興味を引くのだ。

まさに、詐欺業者はこうした閲覧者の動きが分かった上での騙しの罠をしかけていた。まず性欲を掻き立てるような言葉を目立つ文字で表示して、次にその下の動画に目線がいくように仕向ける。そこで動画を全体的に表示させるために少しだけ下にスクロールすると、見出しの上にあった「規約に同意」の重要事項の文字がすっと隠れるような仕組みになっていた。

こうした私たちの目線の動きを読んだうえでのマーケット戦略で知られているのが、「Ｚの法則」だろう。チラシなどの紙媒体では、人の目線は左上から右上へ、そして右端までいくと、今度は斜め下の左端へと移り、今度は右端へと視線を移す。つまり視線は「Ｚ」の形で移行していくといわれている。それゆえにその動線上に店として売りたい商品、つまり原価率が低く儲かる商品を配置しておくとよいといわれる。さらにその中でももっとも売りたい商品は、色や大きな文字などで注目を集めるようにしておけば、注文が殺到することになる。スーパーのチラシや料理店のメニュー表、さらにはコンビニの棚の配置に至るまで、この視線の動きをうまく利用したものを多く見かける。

■キャッチセールスでも使われていた動線テクニックとは？

■ スカウトにおける視線の誘導

下手な勧誘員

下手な勧誘員は、真正面から声をかける。視線も正面からとらえるので、通行人に緊張感が生まれ、話を聞いてもらいにくい。

上手い勧誘員

上手い勧誘員は横に並ぶように接近して声をかける。余計な緊張を与えないように視線を誘導でき、話を聞いてもらいやすい。

相手の視線の動きを意識しながら、巧みな心理操作をする。実は、これはキャッチセールスなどの悪質勧誘にもいえることなのだ。

街頭キャッチは、通行人に話し掛ける際、正面から「こんにちは！」とはいかない。これは下手なキャッチのやり方だ。ベテランになると最初はやや斜め前方、できるだけ通行人の横側から近づいて、「美容のアンケートをしています」と話しかける。たいがいの人は足を止めずに歩きながら話を聞き続けることになる。となると、自然と横からの会話になる。実は通行人の横に立つことで、相手と同じ目線となり話しやすい空間が生まれるのだ。こうして心の距離感を近づけるような話をしながら、相手からの好感を得ていく。

私も経験があるが、お見合いパーティーや合コンでも、正面に座って「こんにちは」と話をするよりも横に座った位置から話す方が相手との会話が盛り上がることが多い。これは店の接客法でも同じことがいえるだろう。下手な店員は「どうですか?」と前からずんずんやってくる。ところが接客の上手い人は、横から「お似合いですね」とすっと声をかけてくる。

キャッチもまた、相手がリラックスして話しやすい場の設定をしてから、相手との距離感を縮めたうえで最後に正面に立つようにする。勧誘先に連れて行くためには、心理的プレッシャーをかける必要があるからだ。人は正面に立たれると緊張感を持つ。つまり、心理的な圧迫を与えながら、勧誘先に「行きましょう!」と強い口調で誘えるというわけだ。

これは展示会・モニター商法などの対面販売でも、よく見られるものだ。

絵画展に誘われて私が会場に入ると、最初のうち勧誘者は横につきながら、一緒に画廊を見て回ってくれる。そのうちに気に入った絵を横におき、勧誘者は正面に座って商談の話を始める。つまり横に立った視線で話をして相手の興味関心を掻き立て、心を掴んだら正面に座って、相手の目をしっかり見て商談・説得（アクション）に当たるのである。

相手への近づき方には、方法がある。ワルたちは私たちの視線の動きをうまく利用しながら、契約などの成功率をグッと上げているのだ。

【ワルの経済講義その22】

コンフィデンスを構築するためのワルたちの秘策とは？

■詐欺の祭典と化した東京五輪

２０２０年の東京オリンピックが近づいている。当然、ワルたちはこれを騙しの好機としてとらえ、様々な悪知恵を巡らせてくる。

昨年（２０１７年）、東京オリンピックの開催に向けたインフラ整備事業に出資しないかと、20代の男性から60万円を騙しとったとして、60代の男が逮捕されている。この男は出資話をもちかける際、「自分はオリンピック推進委員会に入っている」と五輪招致のピンバッチを見せて、相手を信用させていた。

過去にも、こうしたオリンピックを利用した詐欺事件が数々起きている。

高齢者のもとにパンフレットが届いた。みると、金の販売事業を行っているN協会からのものだった。そこには金資産の運用による積立定期預金を勧める内容が記載されている。高齢者がパンフレットをそのままにしておくと、後日、販売業者から電話があった。

「今なら、金の値段は高騰しているので、年利4％を超える配当を毎月支払えます。1口100万円から積み立てができて、元本保証の定期預金になっています。パンフレットをご覧になってください。しかも現在、オリンピックキャンペーンを実施中です！　今、申し込めば、先着100名様に、オリンピックの記念金貨をプレゼント致します。ぜひ、ご契約ください」

パンフレットには、五輪のマークがいたるところに使われており、自社がさもIOCのオフィシャルスポンサーになっているかのような作りになっている。だがこの時点では、高齢者は申し込みを決断するにまでは至らなかった。

それからしばらくして、高齢者のもとに1本の電話があった。電話の相手は大手新聞の記者だといい、「何か記事になるようなネタがないか」と聞いてきた。

高齢者は例の金の販売業者を思い出し、N協会から投資の勧誘を受けていることを話した。すると記者を名乗る人物は「ええ、その協会は知っています。そこは、オリンピック招致に関係しているところなので、信用のおけるところです」という。これを聞いた高齢者は、すっかりN協会を信用してしまい、販売業者に自ら電話をかけて契約を申込み、現金を郵送してしまった。もちろん業者から約束通りの配当はなく、元本の返金もない。

この他にも、高齢女性のもとに太陽光発電をしている会社の社債購入を誘うパンフレットが届き、その後、テレビ局や新聞社の記者を装う男などから「そこは国が保証している会社なので、安心だ」という電話がかかってきた、というケースもあった。このケースでも被害者は電話の内容を信用してしまい、社債の購入を申し込み、金を騙し取られている。

ワルたちはマスコミやオリンピックという知名度があり、社会的にも認知されている機関を騙り、コンフィデンスを構築する。これはまさに当事者自身が語るよりも、第三者から伝えられる情報の方に、人は強い影響を受けてしまうという「ウィンザー効果」をうまく利用した好例だろう。コンフィデンスという言葉には「信用」の意味がある。フジテレビの月9の『コンフィデンスマン（信用詐欺師）JP』で、知っている方も多いに違いない。

■口コミというコンフィデンスの怖さ

こうした手口は、私たちの身近でも頻繁に行われている。それは、口コミを使ったコンフィデンスの構築だ。近年、1800億円以上の大きな被害額を出したJ社のレンタルオーナー商法でも、まさにこの手が使われて被害は広がっていった。

ある女性は、知人から「温泉で、無料でマッサージをしてもらえるから、一緒に行かない？」と声をかけられた。女性は知人とともに温泉施設に赴いた。すると、そこにはたくさんの同世代と思しき中高年が集まっており、女性の耳に、何やら参加者らが話す声が聞こえてくる。

「私はこの会社の磁気治療器を使ってみて、とってもよかったわ」

「実は、この会社の投資話はとてもよくてね……」

ここでは、口コミの声を通じて、自然な形で同社の健康器具や投資が良いことを伝えさせている。もちろん、この場が同社の購入者たちの集まりであることを知らせる意図もある。

温泉を終えての帰り道、知人は「今度、無料でマッサージをしてもらえるから、お店に来てみない？」と誘う。良い会社で、良い商品。そう思わされているので、抵抗感なく応じてしまう。そして後日、女性は店に行き、業者から具体的な勧誘話を聞かされる。

投資の内容としては、次のようなものだ。

J社では磁気ネックレスを100～600万円で販売しているが、その商品を購入しても客の手元にはいかず、商品は会社が預かる形を取る。それを会社が別の客に貸し出して、そのレンタルで得た運用益を商品を購入した客に分配するというシステムになっている。

すでに商品や投資の良さは温泉で人づてに聞いており、いま紹介してくれている知人も信頼のおける人物で、実際に配当をもらっている事実もある。もう断る理由は見つからない。それで契約をしてしまう。

だが、実態を消費者庁が調査したところ、契約者が預けた商品の1割ほどしかレンタルされておらず、しかも、商品の在庫自体もほとんどなかったことが分かっている。財務状況も相当な赤字であったが、それを客に告げずに契約させるなど、数々の違法な勧誘が明るみとなり、J社は業務停止の処分を受けた。なんと、この会社は1年に4度の行政処分を受けて、ようやく今年（2018年）に入り事実上の破産をし、勧誘活動は止まったのである。

口コミを通じて商品の良さをアピールして契約させるマルチ商法的な勧誘は、近年SNSの普及により急速な広がりを見せている。以前はいきなり「久しぶり！」と電話がかかってきて、相手から「なんだ、急に？」と怪しまれたことも多かった。だが、今はSNSで昔の友人を見つけてはまずは友達申請をして連絡を取っておく。その後に「近くで食事でもしようよ」と言えば、ごく自然な形で誘うことができる。

マルチ商法の怖さは、被害者が知らず知らずのうちに加害者側に回ってしまうところにある。最初は執拗な勧誘に遭い、断り切れずに始めてしまったような人でも、実際に配当を受け取るとこれは本当に儲かる投資だと思い込んでしまう。周囲の人にも投資を勧めるようになり、自らもさらなる金額を投資するようになる。自他問わず、コンフィデンスのローリングが進むゆえに被害が拡大してしまうのだ。

■オモテのビジネスでもコンフィデンスの形成は重要

ビジネスにおいても、口コミ効果を利用して、信用の伝播の仕組みをつくることはとても大事だ。ネットショップで成功しているところは、まさにこの仕組みをうまく使っている。

購入者に良い評価をしてもらい、その時の感想を書いてもらう。そうすることで次なる新規購入者が評価の良さや好印象の感想を見て、契約の決断をする。購入者には、メールマガジンを購読してもらい、定期的にクーポンなどを配布し、贔屓の客になってもらう。そしてリピート購入してもらい、満足度を高めさせ、店の信者にまで高めていく。そうすることで、信者たちは自然な形で店の布教活動をするようになり、さらなる新規客を呼び込めるというわけだ。ここでは、アフターフォローを重視して、口コミを架け橋にした信用の伝播が行われている。

信用というものは、人から人へと渡り歩いていくもの。それを痛感したのは、以前にソフトウェアの法人営業をしていた時である。

私の担当していた客の中に、手ごわい相手がいた。こちらがどんなに好条件の話を持ち掛けても、なかなか「うん」とうなずかない。

■ 口コミによる信用と不信の伝播

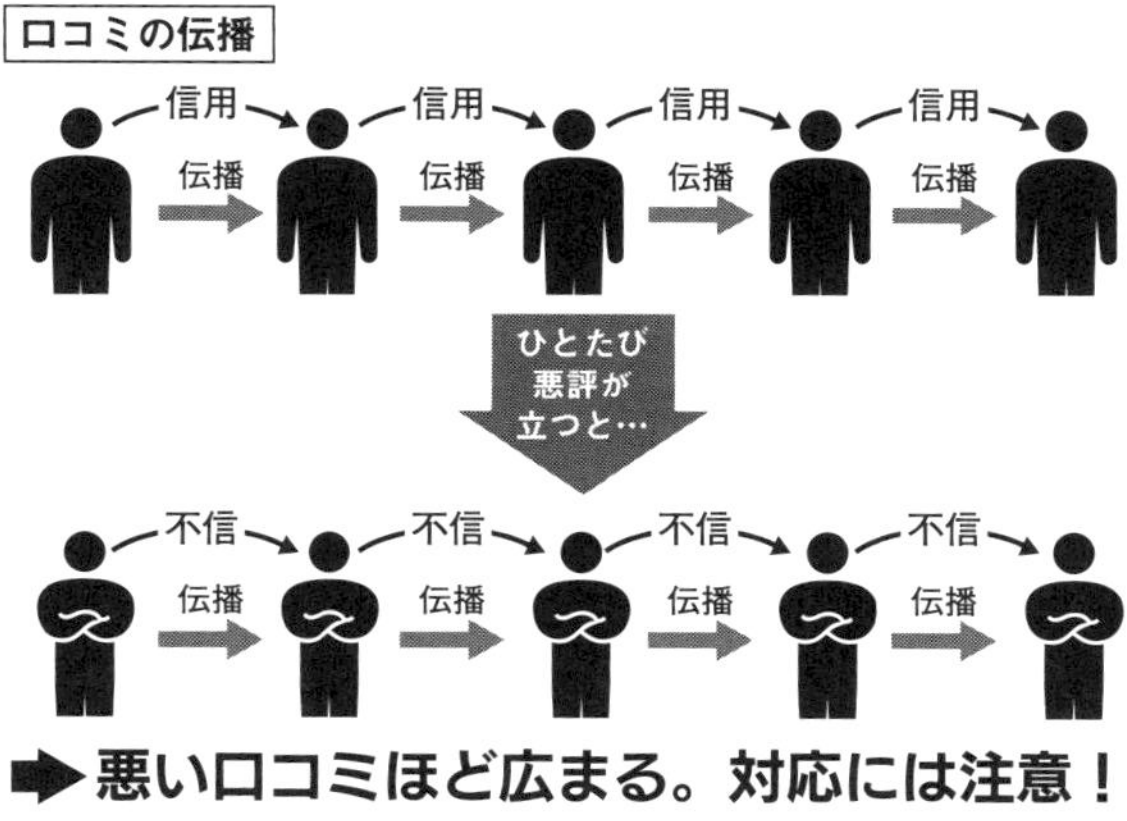

彼は今でいうところの技術オタク的なところがあり、商談のさなかによく技術的な話をした。しかし、私にはその方面の知識がないため、話の内容がまったくわからない。とりあえず「なるほど、そうですねえ」などと感心した振りをしていたが、それが相手には今一つ信頼のおけない人物と映っていたのかもしれない。

そこで別日に、技術課長を連れて行き、一緒に話をしてもらった。技術部の人間なので営業や契約締結には無頓着なため、ひたすら相手と技術系の話ばかりしていたが、話が盛り上がり、結果、簡単に契約が取れたことがある。ビジネスでの実績を焦るとつい一人相撲をとってしまいがちだが、成功を引き寄せるには、コンフィデンスの伝播をいかに広げていけるかにかかっていたのだ。

ただし、注意すべきは、「信用」よりも「不信」の方が、人を介しての回り方は早いということだ。不信や不評の火の粉は、一旦、点火してしまうと、あっというまに燃え広がってしまう。その点、ワルたちは防火対策に余念がない。

嘘の儲け話をもちかける際、運用実態のない詐欺会社でありながら、事前に立派な会社のHPをつくっておき、勧誘した相手がいつでも確認できるようにしておく。また、もし電話で所在を確認しようとしても、きちんと電話がつながるようにする。もっと手のこんだ詐欺になると、会社を準備し受付嬢を置いて、訪問客が来ても対応できるようにしておく。さらに受付の人には、詐欺の会社だと悟られないようにしておく。そうして訪問客に対して、心からの手厚い接客をさせるのだ。一連の対応策を施して、相手の不信を払しょくしてしまうのである。

私たちは「信用されたい」という思いが強くなると、相手が不信感を抱いたときに取るであろう行動への対策を疎かにしがちだ。

コンフィデンスの伝播をするにあたっては、事前に相手がどんな疑念を抱くのかを客目線に立って想像しておき、防火策を講じることを忘れてはならない。

【ワルの経済講座その23】

悪質業者と電話対決、勝敗を決したクロスカウンターとは？

■悪質ブランド販売店の実態調査

今や、多くの人がネット上のフリーマーケットを利用している。そこでは、トイレットペーパーの芯から電化製品まで、どんなものでも売っている。とても便利なシステムであるが、相手がいつも善良な人であるとは限らない。

実際、最近はよく偽ブランド品をつかまされたというトラブルを耳にする。誰もが参加しやすい場所には、悪質な業者や個人が入り込んでくることもある。偽物とわかっていながら売りに出すような不届き者も出てくるだろう。

偽物を販売する彼らの言い分とは、どんなものなのか。

平然と正規のブランド品でないものを販売している店舗があると聞いて、私が関わるテレビ番組で取材したことがある。

スタッフが実際に店舗を訪れると、店内には有名ブランド品が並んでいる。試しに人気ブランドG社のグレーの財布の値段を尋ねてみると「これは3割5分引きになり、2万7300円になります」という。一般的に偽ブランド品は正規品に比べるとはるかに安く売られるのが普通だ。以前、逮捕された業者の場合は、正規価格の1割程度の値段で販売していた。3割5分引きだと、偽物かどうかの微妙なラインの金額である。

スタッフが「本物ですよね」と確認すると「これだけの種類のコピーを集めるのは、大変だよ」と、逆説的な答えが返ってきた。そこで財布を購入し、真偽を確かめてみることにした。

その後、商品を中古品の買い取りを手掛けている業者に鑑定してもらった。鑑定結果はひどいものだった。

「縫製部分も波打っていて、非常に荒い仕上がりになっています。ロゴ部分もとても薄く刻印されている状態で、箱の接着の部分も、ずれが多く粗雑なつくりになっています。正規品にはほど遠いので、規格外の判定をします。当社では買い取りませんね」

鑑定をしてくれた業者は、この財布を販売している業者と話をするなら「偽ブランド品」ではなく、「規格外の品物」（非正規品）という言い回しを使うようアドバイスをしてくれた。どうやら偽物と断定する明確な基準がないためらしい。

■「私も被害者」と店主の苦しい言い訳

いよいよ悪質業者との対決である。

まず番組の女性スタッフに店に電話をかけてもらい、財布を買ったことを伝えて店主を呼び出してもらう。店主が出たところで、私がバトンタッチする。

「そちらで買ったG社の財布なんですけれども、鑑定してもらったら、規格外の品物ということなんですが、これって本物（のブランド品）なんですか？」

「ええ、それは、うちの仕入れ業者が向こうで買ってきたもので……」と言葉を濁して答える。

「どちらで買ってこられたんですか？」

「たしか、香港か、ヨーロッパだったかな……」

「そうですか。鑑定の人に聞いたら、財布のつくりが雑すぎる、ロゴが薄すぎる、と言われました。これは絶対に本物だと、お店の方は思っているわけですか？」

「そうですね。何十年来、付き合っているやつからの仕入れだから……」

長くやりとりしている仕入れ先のものだから本物だとは……、根拠があまりに弱すぎる。その点を指摘すると、店主は「もしお客さんが納得いかないのであれば、仕入れ先に（クレームを）言わなければいけない」との話を始めた。

店主は、自分も仕入れ先に騙された被害者だという主張をして、私の追及をかわそうとしてきた。さすがに、長年、偽物の販売をしてきただけはある。責任転嫁の術には長けているようだ。すぐに仕入れ業者に確認するということなので、一旦、電話を切って泳がせることにした。

追及の電話をかける時、私は予め相手がどのような対応をしてくるのかを想定しながら臨むようにしている。ある意味、こうした電話対決はボクシングのリングにいるような気持ちだ。「騙しているだろう！」という核心を突くストレートを打ち込むために、最初は軽いジャブを食らわせながら、相手の出方を見る。長期戦になりそうな時には、ボディーブローをお見舞いしながら、少しずつ相手にダメージを与えて自ら観念するのを待つといった具合だ。

しばらくして、また電話を入れてみる。

「電話をかけてみて、どうでしたか？」

「業者が言うには、伝票をみなければわからないが、仕入れはヨーロッパか香港のショップでしている」

「お店に置いてある商品が、本物のブランド品かどうかは、見極めがつかないものですか？」

「僕はわかりますよ」と、店主は答える。

「じゃあ、（正規品ではないと）わかっていて売ったんですか？」

「……」

「これだけ粗雑なつくりなのに、本物だと思って長年売っているわけですか？」

「……」

私は一気に畳みかけた。さすがに、偽物とわかって販売したら違法行為になる。かといって、これだけ粗い作りの商品を本物だといえば、店主の鑑定眼が問われることになりかねない。店主はリングのコーナーに追い込まれた状態で、ただ沈黙を続けるしかない。これで勝負あった。

「今後、どうされますか？　このまま、非正規品の可能性のある物を売り続けますか？」

私がそう尋ねると、店主は「これから業界団体に連絡して、店の商品を全部確認してもらう。まがいものがあったら、今の仕入れ先との取引をやめる」と約束してくれた。店主の今後の真摯な対処を期待するところだ。

■悪の元凶、仕入れ業者との対決

店主は仕入れ先の業者の連絡先を教えてくれた。彼の話を信用するなら、この業者こそ悪の元凶ということになる。

さっそく電話をして、仕入先の男に先ほど店主に聞いたのと同じ言葉をぶつけてみる。仕入れ業者は開口一番「その商品は海外のショップで売っている商品なので、本物で間違いないですよ」という。店主もそうだったが、商品自体をしっかり見ずに、軽々しく本物であることを口にする。そして、第三者（海外ショップ）への責任逃れをしようとする姿勢も同じだ。これは詐欺業者たちのはぐらかしの専売特許といってよいだろう。そうはさせない。

「それはどちらのお店ですか？」

「グアムのG社のショップです」

店主はヨーロッパか香港が仕入先だと言っていた。話が違ってきている。

「いつ買われたのですか？」

「2年くらいたっているので、ちょっと記憶が定かではない」とごまかす。

「ところで、こういうものを長年やっているあなたがね。本当に、（本物か否か）見抜けないんですか？」

「いや、買ってきたのが、正規品を扱うショップですから」

「正規品のショップで買ったら、物自体は見ないんですか？　では、そのショップに売買の真偽を確認しますから、お店の名前、場所を教えてください」

「3か所あるんで……どこかな？」

「じゃあ3か所おしえてください。すべて確認の電話をします」

「今、すぐにはわからないな」と答えをはぐらかしはじめる。

さっきの店主に比べて、まったく悪気のない様子。この男は、かなりの悪玉のようである。

決定的なパンチを食らわせたはずが…

「ショップ名を教えてください。なぜ、それが言えないんですか？」

「本当は、ちゃんとした正規品の店で買っていないから、言えないんじゃないですか？」

「きちんと買っています」

「だったら、教えてくださいよ。購入した時の伝票や、領収書などを見ればわかるでしょう」

「……」

男は黙った。あと一押しだ。決定的なストレートパンチを顔面に食らわせればノックダウンするだろう。

「そもそもこれだけの粗雑な作りの商品は、本物であるはずがないでしょう。非正規品なのでしょう。それがわかって売ったのではないですか」と詰め寄った。

これで男は、ダウンするかと思った。だが、男は冷静に反撃の機会をうかがっていたのだ。

「ひとつご提案ですが……」と男は言う。

「このまま話しても、ラチがあかないので、G社のお店に、私と一緒に直接に行って、あなたの商品を鑑定してもらいましょうよ」

何気なく私の発言に絡ませて放った提案であったが、私はこの言葉に唸った。というのも、この点をつかれることが、私にとっての一番のアキレス腱だったからだ。

先ほども述べたが、この財布を偽ブランド品だと判断できる明確な基準はない。そのため、G社に商品をもっていっても、「偽ブランド品だ」と断定してもらうことは難しい。鑑定士から「非正規品」という微妙な言い回しを使うようにアドバイスされたのは、それが理由なのだ。

このしたたかな男は、私の一連の攻撃の中から本質を見抜き、この提案をしてきたのだ。

これはまさに、私が攻撃のために相手の顔面に打ち出したパンチに腕を絡めて、その威力をなくさせ、逆に私の顔面に強烈なパンチをヒットさせてきたようなものだ。この〝あしたのジョー〟なみのクロスカウンターをうけて、私は言葉を失った。

これから先の展開に勝利の光は見えない。もし店に行っても偽物の判断はしてもらえないことはわかっている。負けの結末が見えているゆえ、相手の提案のレールに乗ることはできない。

これまで詐欺業者を電話などで追及する時には、相手の明確なウソを確実に握って、そこを

■ 勝負はクロスカウンターで決まる

劣勢のときこそ冷静に

攻撃を受けたらただ逃げるのではなく、冷静にガードをしつつ相手の穴を探すべし。

必殺のクロスカウンター

スキを見つけたら一気に攻勢に。相手が勝負を決めにきたら必殺のクロスカウンターで迎え撃て。

➡攻めるばかりが勝利への近道ではない！

突破口にして相手の騙しの手口を暴いてきた。しかし今回の場合、「偽ブランド品だろう！」と明確なウソの事実を突き付けられない点を見抜かれ、逆提案の形で攻撃を仕掛けられたのだ。

仕入れ業者は「お店に行きましょう」「なぜ、行かないのですか。偽物かどうかを判断してもらいましょうよ」と連呼する。私はその提案をはねつけるのが精いっぱいだった。これ以上の追及を諦めざるを得ず、久しぶりの敗北感を味わいながら、電話を切ったのだった。

■求められるインサイト型セールス

ビジネスにおいて、クロスカウンターは相手の弱点よりも、ニーズに向かって打ち込むことが大事になる。

今や消費者の趣味嗜好は多岐にわたっており、ニーズも多様化している。ある意味、客は様々な情報に触れていることで、わがままになった。従来の「こういうものはいかがでしょう」という押しつけ型の提案ではなく、客の目線に立ちながら話を進めていく必要がある。

そこで営業や店舗販売などで求められているのが、相手の言動の裏にあるものを見抜く「インサイト（洞察力）」なのである。

たとえば、ふらっと客が店を訪れる。店員の勧めでひとつの商品を手に取ったとする。その時、幸いにも「良い商品だね」と言ってもらえればいいが、人によっては「色が好みではない」とか「デザインが気にいらない」と辛らつな批評をするかもしれない。その時は、「すみませんでした」と慌てて商品を引っ込めるのではなく、ダメな部分を徹底的に批判してもらった方が良い。つまり、相手に「ダメだ（D）」「嫌だ（I）」「やりたくない（Y）」といったネガティブな手数をどんどん出してもらうのだ。インサイトを持って、その人の意見を聞けば、相手が何を求めているのかがみえてくる。

もし、色やデザインが気にいらなければ、今、本人が着ている服と比較しながら、「こちらではどうでしょうか」と相手の批判を踏まえた上での商品を提案してみる。再びダメだといわれても、相手の好みの範囲は狭まってきているので、次の提案がしやすくなる。こうして、相手の好みにあった商品へ近づけていく。

多くの人は、批判的な発言をする人を毛嫌いして、遠ざけようとしがちだが、ＤＩＹ（ディー・アイ・ワイ）にこそ、客の本音が潜んでいる。客の発言を冷静に分析しながら、提案のクロスカウンターを打ち込み、消費者の購買意欲を一気に喚起させるのだ。

現代は、インターネットでものを簡単に買える時代で、その市場規模も年々拡大している。だが、インターネットで購入してみたものの、まったく自分の思っていたものとは違う商品だったということも多い。それは自分が真に欲しいものがわかっていないゆえの結果であるともいえるだろう。

店舗や営業などでの対面販売の商機はそこにある。客自身も気づかないニーズを、販売・営業のプロである人たちが会話の中から掘り出してあげて、心から納得する形で提案する。情報の多い世の中だからこそ、インサイトによるセールスが求められているのだ。

あとがき

表の社会と裏社会の経済は、コインの裏表のような関係性である。表の社会で使われたビジネステクニックは裏社会でも使われており、当然、その逆もありうる。しかし、表の世界に生きる私たちには裏のビジネススタイルはなかなか見えてこないものである。

本書は、プレジデントオンライン「ワルの経済教室」の連載に、新たな内容を書き加えてまとめたものである。

連載の中では、ワルたちの手口をただ単に暴き出すだけでなく、それらをいかにすれば一般のビジネスに通じるものにできるのかを考えてみた。書きながら改めて思うのは、ワルたちが表の社会情勢に機敏な反応をしながら手口を進化させているということだ。

ここ最近の被害で多いのが、ネット上でアダルトサイトなどの動画再生ボタンをクリックしただけで登録完了し、高額な視聴料を表示して要求する手口や、大手ＩＴ企業の名をかたってＳＭＳで未納料金を請求するといった手口だ。ウェブやネット文面を見て慌てて電話をしてきた人から金を騙し取るのである。

これらの手口の特徴をビジネス的に言えば、「反響営業」になるだろう。

反響営業とは、広告や宣伝物を見て電話やメールで問い合わせをしてきた人に、アクションを起こす手法である。アウトバウンドな飛び込み営業だと、嫌がれたり怪しまれたりすることも多いが、広告や宣伝物で呼び込むインバウンドな形だと客は自ら興味（詐欺の場合は不安）を持って連絡をしてくるので、スムーズにこちらの話に聞き耳をもってくれる。それゆえ、さほど強引な話をせずとも契約へもっていけるのだ。

これまでは飛び込みやテレアポなど、営業する側が積極的なアクションを起こすことが多かったが、ネット利用者が増えてきたことで、広告や自社のＨＰを通じて相手からの問い合わせが入ることを待つ営業スタイルが多くなった。そこでワルたちも振り込め詐欺のようなアウトバンドな手法だけでなく、ネットに罠をしかけて待つというインバウンド型を用いるようになってきたのだ。

反響営業は客側からのアクションをきっかけにしているので、その後も継続的な営業話を持ち掛けやすく、リピーターになってくれる可能性も高い。

その辺りは詐欺師らも熟知していて、もし未納料金の表示を見て電話をかけた人が「数十万円は払えない」と訴えてきても、詐欺師は「全額を払え！」と強気な口調では攻めない。

それどころか「お困りのようですね。わかりました。未納金を減額するようにしますね」など親切心を前面に出した柔らかい言い方をして、数万円程度の払いやすい金額に減らしてあげるのだ。すると相手は「ありがとう」と感謝するようになる。ここで減額するのは、まさにそうした感情を抱かせるのが狙いで、相手がお金を払い、心を許した途端に「実は、別なサイトでも未納金がありました」と次の詐欺話を持ち掛けるのだ。

実は、アウトバンド型であるはずのオレオレ詐欺でも、最近はインバウンドの手法を取り入れているのをご存じだろうか？

ワルたちは「オレオレ」と電話をかけた際、息子の声だと信じた人のみに詐欺のアプローチをする。「お前は誰だ！　息子じゃないだろう」と言われて騙せないとわかったら、さっさと電話を切る。ここでは相手の反響をみて、次の詐欺アクションを起こすかどうかを決めている。表の社会でインバウンドな手法が主流になると、裏の社会でも同様な手口が増えてくる。まさに、コインの裏表の関係なのである。

始末に悪いのは、裏の社会ではそのテクニックがより進化してしまうことだ。本書の中でもワルたちが手口を足したり、掛けたりすることで、驚くほどの騙しの効果をあげていることを書いたが、最近も次のような事件が起きた。

詐欺の疑いで逮捕された男は、大手企業の会社員を騙り、婚活サイトで知り合った30代後半の女性から320万円を騙し取っていた。驚くのはその年齢だ。なんと男は70歳でありながら、

30代の女性とほぼ同年齢だと偽っていたのだ。当然、婚活サイトでは30歳差を埋めるために、別の男性の顔写真を使っていた。

男は女性とメールでのやりとりを繰り返しながら信頼関係を築いた上で、女性のクレジットカードの情報を言葉巧みに入手して勝手に使っていた。もし女性が「会いたい」と言ってきても「仕事が忙しい」と言ったり、仮病を使うなどして、絶対に会うことはなかった。

これは悪質な出会い系サイトで使われる〝サクラ〟を使った、なりすましの手口の進化系である。なりすまし商法では業者の雇ったサクラが、架空のイケメン、美女の写真を掲載してその人物になりきり、サイトに登録してきた異性とメールのやりとりを行う。当然、このメールのやり取りは有料で、業者によってまちまちだが返信すると一回辺り５００円ほどかかる。サクラはサイト利用者に好意を抱かせるような文面を送り、相手の会いたい気持ちを増幅させ、頻繁に有料メールのやりとりをさせる。そして「会う」段階になり待ち合わせをしても、絶対にやってこない。

もし「明日、会えるのを楽しみにしていますね」などとお互いメール交換して、場所や時間を決めても、「急用ができた」などといってすっぽかしてしまう。サクラはやがてサイトから消え、後には搾取された利用者だけが残される。深みにハマった結果、被害金額が数百万円に膨らんだ人もいる。まさに先の詐欺はこの手口を応用したものだといえるだろう。

男は女性から「クレジットカードを使ったでしょう！」とその不正行為が疑われても、慌てずに対応していた。

「自分は犯人ではない」

そう主張した上で、「探偵を使って、新犯人を一緒に捜そう」などと提案する。たしかにネット上では、ハッキングなどによって不正に入手されたクレジットカード情報が使われるという事件も起きている。おそらく、そうした事情を引き合いに出して、信用させたのだろう。そして、探偵を雇う費用を女性から騙し取った。

まさにここでは、リバウンドの手法が使われている。「ワルは『リバウンド手法』でターゲットの心を意のままに操る」（122ページ）でも述べたように、詐欺師に文句を言えば言うほど、逆に多くの金を取られてしまうのだ。この被害女性も〝男性を疑う〟という強い言葉をぶつけてしまったがために、逆にまんまと320万円ものお金をせしめられてしまった。卑劣な行為であるが、これが詐欺の常套手段なのである。

しかもこの手口をよく見ると、これまたインバウンド型であることがわかる。婚活サイトで同年代の男性を装い、誘いのメールを送って異性からの積極的な連絡がくるのを待つ。そして相手に「会いたい」という気持ちを募らせて、頻繁に連絡を取らせながら信頼関係を築き、クレジットカード情報を入手する。そしてカードの不正使用で文句を言われると、さらに金を騙し取る。すべて相手からのアクション待ちなのである。表面上は、男から詐欺話を発信していないように見えるので、被害者はなかなか被害に気付けない。

　ワルたちは、私たちの思惑を超えたところからやってくる。騙しが前方からやってくると身構えていると、私たちの後ろから「こんにちは」と近づいてくる。そして、不意をつかれてつい対応してしまう。

　また、街頭で声をかけられて、まさに押し売りが押し買いに変わる「手のひら返し術」がそうであろう。先ほどまで相手と横向きで話をしていたはずなのに、いつの間にか相手が目の前に立って、鋭い眼光を向けている。勧誘場所に「行きましょうよ」と、強いプレッシャーをかけられてしまい、思わず「はい」と頷いてしまう……。ワルたちは私たちを手のひらで転がしながら、お金を取ろうとする。

　このまま地下経済の手口が進化を続け、表の社会を凌駕するようだと、私たちの大切なお金はどんどん地下経済に吸い取られてしまう。その被害を減らすために必要なのは、裏のビジネステクニックを知り、その対策を事前に講じておくことなのである。

　今後も私は地下経済の取材を続けていくつもりだ。詐欺やキャッチセールス、悪質商法、カルト宗教……、新しい手口が見つかれば、私なりの目線でその実情をレポートしていきたいと思っている。

２０１８年８月　著者記す

■ 著者紹介
多田文明（ただ・ふみあき）
ルポライター、キャッチセールス評論家、詐欺・悪質商法アナリスト。
1965年北海道旭川市生まれ。日本大学法学部卒業。雑誌『ダ・カーポ』にて「誘われてフラフラ」の連載を担当。2週間に一度は勧誘されるという経験を生かしてキャッチセールス評論家になる。これまでに街頭からのキャッチセールス、アポイントメントセールスなどへの潜入は100ヶ所以上。キャッチセールスのみならず、詐欺・悪質商法、ネットを通じた騙しのビジネスに精通する。
著書に『ついていったら、こうなった』『なぜ、詐欺師の話に耳を傾けてしまうのか？』（ともに彩図社）、『ワルに学ぶ 黒すぎる交渉術』（プレジデント社）、『絶対ダマされない人ほどダマされる』（講談社＋α新書）、『迷惑メール、返事をしたらこうなった。』（イースト・プレス）など。

地下経済の最新手口に学ぶ
ワルの経済教室

平成30年10月4日 第1刷

著　者　多田文明

発行人　山田有司

発行所　株式会社　彩図社
東京都豊島区南大塚3-24-4
MTビル　〒170-0005
TEL:03-5985-8213　FAX:03-5985-8224
http://www.saiz.co.jp
https://twitter.com/saiz_sha

印刷所　新灯印刷株式会社

 ISBN978-4-8013-0328-7 C0195